从今天起，

　　拥抱美好关系，活出真实的自己。

活出你想要的　　亲密关系

张德芬 —— 著

活出
你想要的
亲密关系

The Intimate
Relationship
Journey

© 中南博集天卷文化传媒有限公司。本书版权受法律保护。未经权利人许可任何人不得以任何方式使用本书包括正文、插图、封面、版式等任何部分内容，违者将受到法律制裁。

图书在版编目（CIP）数据

活出你想要的亲密关系 / 张德芬著 . -- 长沙 : 湖南文艺出版社 , 2024.5
　　ISBN 978-7-5726-1709-6

Ⅰ.①活… Ⅱ.①张… Ⅲ.①两性交往—通俗读物 Ⅳ.① C913.14-49

中国国家版本馆 CIP 数据核字（2024）第 069776 号

上架建议：心灵成长·励志

HUOCHU NI XIANG YAO DE QINMI GUANXI
活出你想要的亲密关系

著　　者：张德芬
出 版 人：陈新文
责任编辑：吕苗莉
监　　制：邢越超
策划编辑：李彩萍
特约编辑：彭诗雨
营销支持：周　茜
封面设计：主语设计
版式设计：风　筝
插　　画：南　君
出　　版：湖南文艺出版社
　　　　　（长沙市雨花区东二环一段 508 号　邮编：410014）
网　　址：www.hnwy.net
印　　刷：天津联城印刷有限公司
经　　销：新华书店
开　　本：835 mm×1270 mm　1/32
字　　数：229 千字
印　　张：9.5
版　　次：2024 年 5 月第 1 版
印　　次：2024 年 5 月第 1 次印刷
书　　号：ISBN 978-7-5726-1709-6
定　　价：58.00 元

若有质量问题，请致电质量监督电话：010-59096394
团购电话：010-59320018

亲密关系就是人生最好的修行道场，
亦是个人通往灵魂的桥梁。

期望你可以得偿所愿,拥有良好的亲密关系。

即使如今你还是孤身一人,但你的内在始终是自由喜悦的。

自序

什么样的作者有资格出一本谈论亲密关系的书呢?大言不惭地讲,我是有这种资格的。从十九岁初次恋爱至今,我已有四十余年的实践经验,其间我不只离过两次婚,还谈过很多次无疾而终的恋爱,曾主动结束一段关系,也曾因别人的背叛而果断分手。可以说,亲爱的,你们走过的弯路,我都走过;你们跌过的坑,我都摔过。因而,在突破亲密关系困境和掌握爱的秘密两个方面,我都有充分的经验和体会与你分享。

坦诚地讲,这些经验和体会,绝非一般亲密关系理论书籍的内容可以相比,也绝不仅仅止于泛泛之谈。正因为我曾亲身深刻体会过,而且历经二十余年的个人成长潜修,在亲密关系这条路上,我可以充当极好的向导。我踏过亲密关系中的各种陷阱,我亦深刻知晓如何做出务实的自我检讨和总结。即使内心曾有万千思绪,如今我也

只想以浅显易懂的文字让大家尽早懂得我的深切体会。

亲密关系互动模式的背后存在多种驱动力，需要避开多重陷阱，在进入关系前需要谨记几大重点事项，突破亲密关系困境亦有实操方法和心法可以参照学习，等等，都是我迫不及待想在这本书里与你们分享的几大内容，因而这本书比起我之前的任何作品都会更加务实和具有实战指导意义。

在面临外遇、背叛、分手、离婚甚至婆媳不合这些问题时，如何正确调节和控制自己的情绪，如何正视这些麻烦所造成的各种影响，我都有心得体会记述其中。我争取详尽地探讨亲密关系中的诸多议题，让有机会读到这部作品的你们可以获得全新的洞见和有效的指引。

让你知道如何切实地采取行动，寻觅到并深切拥有一段美好的亲密关系，正是我书写这本书的终极目的。期望看过本书的你，可以在亲密关系中心安顺遂，活出想要的幸福和谐的亲密关系。

众所周知，亲密关系就是人生最好的修行道场，亦是个人通往灵魂的桥梁。因此，无论你拥有的亲密关系好与不好，我都希望你能够在其中习得自己生命的功课，获得个人的成长，从而蜕变成你心目中想要成为的人：一个在精神上真正独立自主，生活上也能够自洽愉悦的人。这是我写此书最想实现的一个心愿。

总结而言，这本书汇集了我在亲密关系里摸爬滚打所获得的所有实战经验，一共分成三大部分：

PART 1 启程：创造美好的亲密关系。

在亲密关系这个修行道场中，我深刻地总结了自己的修行体会。

从中，你将理解亲密关系的本质，并进一步探知如何做才能拥有美好的亲密关系。这个部分包含很多基础又务实的实战理论。

PART 2 修炼：突破亲密关系的困境。

在亲密关系中，我们实际上会有各种遭遇，遇到各种问题，如何从中找到突破点，完成自我蜕变，将是我在这个部分分享的重点。

PART 3 心法：在亲密关系中修炼自心。

亲密关系有四大心法，这是我通过自己四十余年的实践经历总结出来的宝贵经验和体会。我尽可能把我走过的路和获得的启发，都真诚地分享给大家。

这本书里几乎蕴含了亲密关系中所有可能遇到的问题，我的一字一句皆肺腑之言。在这些宝贵的经验背后，也深藏着我自己隐秘幽微的剧痛。正因为体验过亲密关系里的矛盾、挣扎、悲伤、艰难、苦涩、绝望，我才更加富有同理心，可以去理解每一个在亲密关系里渴望得到爱的人。

希望透过这本书，我能好好陪伴大家走过亲密关系这条成长之路。不管你是正在亲密关系里面挣扎，还是孤身企盼一段新的亲密关系，甚至是历经万千已对亲密关系心如死灰，这本书都会对你有莫大的帮助。

我比任何人都更深切地知道，亲密关系有很多道理，我们在理性上可能都已谙熟于心，但是在潜意识底层依然存在盲区，实践中亦总有障碍出现，以至我们无法第一时间做出对自己最为有利的决定。这本书可以帮助你突破潜意识中的固化模式，走过亲密关系中的诸多障碍，获得真正的情绪解脱。

这是一本亲密关系的理论参考书,也是一本亲密关系的实践工具书。亲爱的,愿你可以好好地运用它,它会让你对亲密关系的理解和态度,经历一个由量变到质变的过程。

期望你可以得偿所愿,拥有良好的亲密关系。即使如今你还是孤身一人,但你的内在始终是自由喜悦的——这是我希望在每位读者身上看到的惊喜转变。

我是德芬,期待在书里与你相遇。

德芬

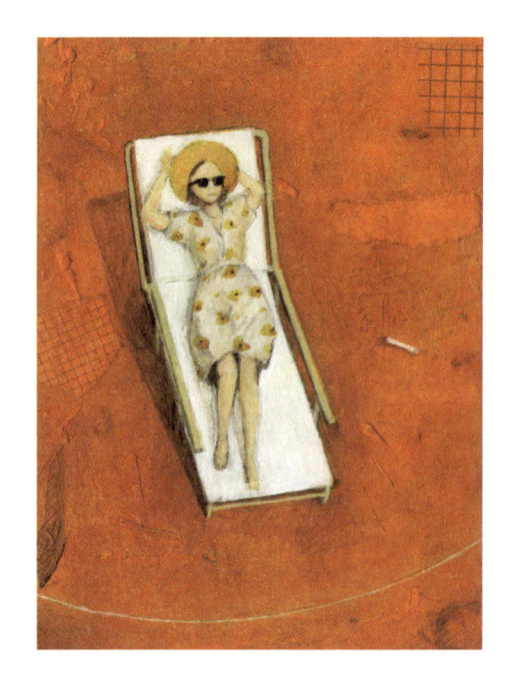

目 录
Contents

PART 1 / 启程
创造美好的亲密关系 /001

第一章
亲密关系的陷阱：三大陷阱和其背后的驱动力 /003

1 亲密关系的三大陷阱 /005

2 亲密关系三大陷阱背后的驱动力 /011

第二章
亲密关系的差异：恋爱和婚姻不同 /019

1 恋爱和婚姻有天壤之别 /021

2 不论是恋爱还是结婚，都有五大注意事项 /027

第三章
亲密关系的理智与情感：正确看待对方的优缺点 /035

1 在亲密关系中，如何正确看待对方的优缺点呢？ /037

2 九种常见的优点类型 /039

第四章
亲密关系的重要协商：想要白头偕老必做的婚前协商 /051

1 为何婚前协商尤为重要？ /053

2 十种婚前协商的方向 /056

第五章
亲密关系的阶段：借由亲密之轮了解关系之道 /069

1 亲密关系的五个阶段 /071

2 平稳度过亲密之轮五个周期的五大助力 /086

PART 2 / 修炼

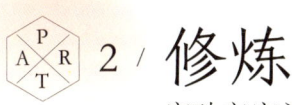

突破亲密关系的困境 /091

第六章
财务课题：在关系中必备的财富认知 /093

1 厘清认知、合理规划，都可以达到"小富"的状态 /095

2 获取财富的驱动力 /098

3 觉察自己对待金钱和亲密关系的态度 /101

4 解决"不快乐"的模式的核心 /103

5 亲密关系中最常出现的四种金钱模式 /105

第七章
沟通课题：不要让无效沟通压垮婚姻 /113

1 为什么我们总会争执不断？ /115

2 如何做才能有效避免争吵呢？ /117

3 为什么夫妻之间更易用愤怒解决问题？ /121

4 如何正确地争吵？ /125

5 如何有效地进行情感联结？ /129

6 为什么人和人之间的回应能力，会有如此大的差异呢？ /132

第八章
亲子课题：如何让孩子为婚姻加分？ /135

1 你和伴侣的生育价值观是否一致？ /137

2 你和伴侣在生育孩子的细节上能否达成一致？ /144

第九章
原生家庭课题：摆脱束缚，享受亲密 /149

1 看清原生家庭对一个人的整体影响 /151

2 觉察自己在原生家庭中扮演的角色——五种人格面具 /153

3 如何从原生家庭的不良互动模式中解脱出来？ /161

第十章
外遇课题：知道得越多，就看得越透彻 /167

1 关于外遇，我们要明白四点 /169

2 倘若被出轨，会触碰你内在的什么感受？ /174

3 外遇的种类有哪些？我们该如何应对？ /176

4 如何避免被出轨？ /178

第十一章
分手课题：当我们不得不面对分离 /183

1 为什么明明彼此相爱，还是会分手？ /185

2 为什么有的人不敢分手？ /192

3 在关系里，如何避免"被分手"？ /196

第十二章
疗愈课题：破碎然后重生 /203

1 创伤修复过程的五个阶段 /205

2 创伤修复过程中，如何自救？ /213

第十三章
创造幸福：性与亲密 /217

如果夫妻双方都想要美满、舒适的性生活体验，需要做到哪些事呢？ /220

第十四章
巩固幸福：维护家庭边界 /225

1 没有边界感的婚姻，注定问题重重 /227

2 如何建立自己的边界呢？ /230

PART 3 / 心法

在亲密关系中修炼自心 /235

第十五章
心法一 "等价交换"，认清关系的本质 /237

1 亲密关系中的三大需求 /241

2 男女对于情感需求的认知差异 /247

3 只有关系中双方的能量保持平衡，关系才能长久 /250

4 亲密关系中的等价交换为何也会失衡？ /253

第十六章
心法二 "臣服于命运"，认清"伴侣"的真相 /257

1 为何我们总是要受亲密关系的苦？ /259

2 如何解开命运中亲密关系注定不好的诅咒？ /261

3 如何才能真正接纳自己"命中注定亲密关系不好"这件事呢？ /264

第十七章
心法三 "以退为进",你永远不可能改变一个人 /267

1 一个人想要获得个人成长,或想要维护自己的切身利益时,他或许才会愿意改变 /269

2 只要你首先做出改变,对方不可能无动于衷 /271

3 有时需要用比较决绝的方式,才能让对方反省和改变 /273

4 必要时采取战略性撤退的策略,以退为进,慢慢筹谋 /275

5 最重要的是让他自我感觉良好 /277

第十八章
心法四 "交给时间",关系里的棘手问题交给时间来解决 /279

在关系中留住对方，也不失去自己。
在关系中习得自己生命的功课，
蜕变成为你心目中想要成为的人。

PART 1

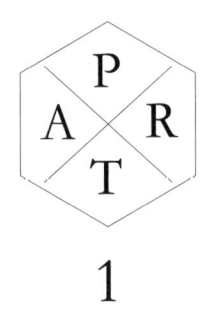

启程

创造美好的
亲密关系

活出你想要的

亲密关系

第一章

亲密关系的陷阱：
三大陷阱和其背后的驱动力

活出你想要的　　亲密关系

若还未做好准备就贸然投入一段亲密关系，往往会陷入痛苦的泥沼，纠缠不已。因此，首先，我们需要了解亲密关系中存在的三大陷阱以及其背后的驱动力。尽量做好充分的心理准备，才能避免在猝不及防的情况下就深陷其中，落入痛苦不堪又无法抽身的境地。

若能做好充分的准备，便可以借由亲密关系，走上美好的人生之路，甚至遇见灵魂深处那个未知又美好的自己。

1 亲密关系的三大陷阱

很多亲密关系从一开始就是错的，之后只不过是错上加错。让两个人走到一起的原因大多是爱，让人分开的原因却有千万种，但实际上，很多人在选择伴侣时就落入了陷阱，而亲密关系中存在三大陷阱。

爱上和父母具有相同特质的人

初次邂逅时，就发现你所倾心之人和你的父母十分相似。此时，你要有所警惕，并深入思考他出现在你生命中的意义。**因为和父母相似的爱人，注定会带给你很多生命必修的功课。**

我做过这样一个练习——把我父母的优缺点和当时的爱人的优缺点分别写下来，结果惊奇地发现我所罗列的内容几乎一致。如你所想，那位爱人确实也带给我此生要修的最艰难的功课。

在那段关系里，我对他非常执着，固执地期望他能把父母从小没有给予我的关心、爱护、体贴、理解等所有的东西都补偿予我。

其实，我们儿时在父母身上未获得的东西，包括各种未被满足的关注、认可和对爱的渴望，经年累月地，会被深埋在我们的潜意识里。待长大成人后，当我们遇见和父母有着相似特质的人时，就会不由自主地被他吸引，因为他身上恰好散发着一种无与伦比的熟悉感。于是，在潜意识的驱使下，我们便会心生错觉——认为千载难逢的机会终于来了。

"小时候，我没有能力把父母改造成理想中的样子，现在我长大了，找到了一个和父母相似的爱人，所以我要去改造他，让他蜕变成我理想中的父母的模样，从而满足和弥补我这一生的期盼和遗憾。"这种设想固然美好，可是我要严厉地说，这是亲密关系中一个非常致命的错误，极有可能带你坠入深不见底的深渊。

当你如此渴望爱人成为你理想父母的模样时，你就会耗费大量心力去"改造"他。你也许会把全部精力倾注在他身上，留意他的一颦一笑、一举一动，试图满足他的所有需求，以求换来他相应的情感回报，并且心中还会时刻检验他是否达到了你设定的期待值。在相处过程中，你总会忍不住去纠正他、指正他，形成一种强迫对方完全屈从于自己的"低气压"，令他毫无喘息之机。

我可以很负责地讲，==一个人绝无可能全面改造另一个人。以爱情为枷锁去改变对方，而不接受他原本的样子，对那个人而言也极不公平。==不仅如此，这样的关系模式还会随着时间的推移，逐渐暴露出各种问题。

一方面，对方会觉得你一直在试图操控他，不仅无法接受他原本的模样，还一直想把他改造成他不愿意成为的人。可想而知，他的心理感受一定异常糟糕。

另一方面,在所谓"改造"过程中,你自己也会时常感到气馁和失望。因为每当他展现出你不想看见的行为方式,拒绝变成你期望中的样子时,你都会无比挫败和无助。每一次他拒绝因你的要求而做出改变时,你都会感受到深深的刺痛和失望。

那么,接踵而来的会是什么呢?就是双方争执的爆发。为了避开正面冲突,双方会陷入冷战,或是干脆选择逃避。也许因为某个契机,双方会和好如初,可是,充斥着控制与反控制纠葛的亲密关系,怎么可能一直美好如初呢?

为了恋爱而恋爱

很多人出于空虚、寂寞会非常渴望恋爱，殊不知"非常想谈恋爱"本身就是一个巨大的陷阱，会令你困在爱情的迷雾之中无法脱身。

当你盲目追寻爱的感觉，会导致你在没有真正看清楚对方是否适合你、能否和你展开一段互相滋养的关系时，就贸然投入感情。在亲密关系中，认识不清就鲁莽向前，结局大多只会是失望和心碎。

爱情会让人盲目，现实会让人警醒。生活必定状况百出，不要等到面对残酷的现实时，才发现彼此截然不同。深陷其中才知彼此并不适合，那时的悔恨，亦会令你掉入巨大的失望和挫败的情绪旋涡之中。

我们从小接触的文学和影视作品往往会把爱情这件事过度美化，这也在一定程度上导致我们在亲密关系中盲目乐观。在这些作品的长期熏陶之下，很多人无意识中会被植入一种信念——无论你遇到什么事情，历经怎样的磨难，只要遇到一个对的人，谈一场轰轰烈烈的恋爱，一切问题都能迎刃而解，甚至还能因此治愈此生所有的创伤，自此过上只有快乐幸福、没有忧虑悲伤的生活。这样的过度美化或误导会令我们对爱情、对亲密关系抱有过高的期待，由此展开的恋爱过程也注定是坎坷而虐心的。

当恋爱的感觉来临，你会奋不顾身地投入其中，恨不得每天都和爱人如胶似漆地黏在一起，陷入晕轮效应当中不可自拔。你甚至会觉得，这段爱情真的可以改变你的人生，自己一辈子都可以幸福地过下去。

然而，一旦热烈的爱慢慢退去，对方的缺点和彼此需求的不匹配就会暴露无遗，你会因为巨大的心理落差而陷入痛苦的深渊，对自己发出来自灵魂的拷问：为何这段感情会变得跟我想象中的完美爱情如此不同？对方是不是根本就不曾爱过我？

你会开始自我怀疑，并质疑对方的真心，亲密关系之中本就存在的问题也会随之浮出水面。可是，你是否想过，我们皆是凡人，为何恋爱时就把对方看得完美无缺，甚至当成完美父母，当成可以敬仰的"神"，并希望他可以满足我们的一切愿望呢？这本就是绝无可能的事情啊！所以，醒醒吧！恋爱只是亲密关系的开端，人生真正的考验才刚刚开始。

一段美好而持久的关系，终归要从热恋期的绚烂归于内省期的平淡。允许对方去做真实的自己，彼此坦诚沟通、互相谦让，甚至做出妥协牺牲，才能成就美好而持久的亲密关系。

看似美好的"一见钟情"

一见钟情的确是件非常美妙的事情，四目相对时，眼里只有彼此，直至天雷勾动地火。可是激情过后，这样的情感一定会迎来美好的结局吗？这个问题没有绝对标准的答案。

对亲密关系了解不深时，我也有过一见钟情的经历。当热情慢慢退去之时，我才发现原先深爱之人竟然是来"讨债"的。也许很早之前，我们之间就存在一定的"能量纠缠"，只是当时的自己并不知情。

有时，我不禁反思，当我们遇到一个人，当下就有种特别熟悉的感觉，甚至有莫名强烈的好感，并不由自主地被他吸引时，这样的相遇很有可能就是"还债"的开始。所谓"还债"，其实就是去平衡一段以往没能平衡的"能量关系"。

当你遇到这样的"讨债"式的索取关系时，建议你多加考虑、多方验证，而不是轻易就和他开启亲密关系。否则，和他在一起后，你可能会被卷入一个巨大的"能量旋涡"，过不下去又逃不出来。如此一来，往后的人生中，你会变得非常被动，总是在付出和让步，试图以此抓取他本就不多的爱。

很多人经常笑谈："有的女人一谈恋爱，智商就大大地降低。"所谓恋爱脑，大抵就是一见钟情一发不可收拾引发的后果。

2 亲密关系三大陷阱背后的驱动力

亲密关系的陷阱背后都存在着驱动力,一旦我们看见和了解了它,就不会再被陷阱营造的美好幻象所迷惑。

他很像你原生家庭的父母,而你想要改变他,令他成为你理想中的样子

我们需要懂得一个基本的,但很多人尚且不能接受的道理:你不可能改变任何人,你只可能创造一个环境或情境让他主动做出改变。

我有个女性朋友就是很好的例子。婚后多年,她一直对老公怀有诸多不满,总是横加挑剔。她的内心总觉得老公既配不上她,也不够爱她。即使在旁人看来,她的老公已是无可指摘的绝世好男人,可她还是欲壑难填。

作为挚友,我常常苦口婆心地相劝,还一一列举她老公的优点,甚至为她做各种详尽分析,纵然如此,她还是无动于衷。长久以来,

她既看不到老公对她的倾力付出，也感受不到老公对她的深切爱意，所以才会一天到晚"作"个不停。

我很想改变她，让她变得快乐一点，也希望她能放她老公一马，然而苦劝多年都毫无效果。

后来，我们偶然与一位咨询师朋友聊天，在谈及她的亲密关系时，咨询师朋友很认真地请她回想："在过去这些年里，你老公出于爱为你做了什么事情，试着把它写下来。"接下来，咨询师朋友再次发问："再想一想，在过去这些年里，你出于爱又为你老公做了些什么，也把它写下来。"

听到前面那个问题时，我这位爱"作"的朋友很快便记起众多具体事例，但是被问到后面这个问题时，她当时大脑几乎一片空白。

一直以来，她都是一个以自我为中心又备受娇宠的女人，在亲密关系里活活被宠成了一个长不大的公主。经过如此一番分析后，她才深知自己为这段关系付出的真是寥寥无几，反而是对方默默付出甚多。

恃宠而骄的她就这样在这段关系中"作"了很多年，她的内心始终无法感到满足。可是，她又深知，以她五十多岁的年纪，根本找不出第二个比她老公条件更好、更爱她的人。直到在偶然出现的那个情境下，咨询师朋友以提问的形式帮她分析，才让她有机会重新审视自己和老公的关系模式，她才终于懂得自己一直以来有多任性，漠然地把老公对她的所有好都视为理所当然。

幸好，她终于幡然醒悟。那天和咨询师朋友深谈后，她终于不再抱怨老公，开始生出感恩之心，甚至学着去迁就和照顾老公的感受。

这个案例就是刚好在某个情境下，运用了恰当的心理咨询技巧，才让这位女性朋友产生了意识上的变化，并顺理成章地做出行为上的改变。这样的改变当然需要可遇不可求的机缘，恰好我有幸目睹了整个过程。

我们要懂得，让一个人改变自我并非易事，它需要一定的天时地利人和。一般人都不具备咨询师的耐心，更没有掌握相应的咨询技巧，并且我们在面对另一半时往往束手无策。

我们最容易心安理得地向另一半索取、提出要求，当对方达不到我们的期待时，我们就会心生怨恨，脱口而出的也永远是责怪和抱怨。如果你想通过责怪和抱怨去改变一个人，很抱歉，那绝无可能。即使对方为了讨好你而佯装改变，但实际上仍会固执己见。

很羞愧地讲，我年轻时也有过这样的傲慢。那时，我理所当然地认为纵使那个男人有些方面不合我意，但跟他在一起之后，我一定有办法让他俯首称臣，心甘情愿地做出改变。后来，我才发现我完全是盲目自信。

因此，在亲密关系中，若你对另一半的行为有不满意之处，不妨尽早沟通，达成互相理解，别总期望通过改变他来达到目的。如果你想拥有和睦的亲密关系，你能做的可能只有调整自己的期待值。

总之，如果你觉得对方很像你原生家庭的父母，潜意识中一边抱着想要改造他的想法，一边又情不自禁地被他吸引、想和他在一起时，你就要特别留意背后的驱动力。通过改造别人使其满足你的需求、要求和喜好的这种关系模式，是最愚蠢、最浪费时间和精力的。

非常想要谈恋爱，是因为你想要获得被爱的感觉

当我们怀抱着如此强烈的驱动力，投身于一段爱与被爱的关系中时，除非你运气特别好，否则结果往往很凄惨。

因为太想要那份爱了，所以你会对那个人的真实模样视而不见。即使他已经展现出你不太喜欢甚至无法接受的行为方式，你仍会为他做出合理化解释，或者自欺欺人下去，无限地做出让步，甚至一再纵容。

也许，对方会因为感受到你强烈的爱，暂时迎合你的需求，做一番表面功夫，但这样的亲密关系注定无法长久。待热恋期过去，各种现实的冲突就会席卷而来。

当然，也会有例外的情况存在。你太过展露出渴望被爱的强烈欲望，可能会令一些回避型人格的人望而生畏，他们稍显冷漠的人格特质很快就会展露无遗。

如果你的目的很单纯，谈一场轰轰烈烈的恋爱即可，而不会想更进一步发展，不会将结婚、生子这一系列事宜纳入考虑范围，那么，你可以尽情去爱，只把恋爱当成你生命中的一种兴趣爱好来进行。

当然，爱好会令人享受沉浸其中的美好。正如瑜伽、画画、芭蕾等，当我们全身心投入其中时，会进入心流的状态，觉得既美好又享受。可是，扪心自问，你可以一辈子都把恋爱当作爱好吗？你可以把自己一生的幸福都寄托在恋爱这件事情上吗？当然不能。

当爱好要强迫自己为之，就会变成一种负担。坠入爱河了，就享受当下，不论得失，享受此时此刻爱给生命带来的美好感受，才最为重要，而不是一开始就抱有相伴一生、不离不弃的奢望，亦不是苛求每日都如胶似漆。

倘若你有能力随时从热烈而胶着的爱情里抽身,那你自然不容易受伤。怕的是,你本来抱着只想轻松地谈个恋爱的心情,结果却不可自拔地坠入爱河,好像这一生没有他便不能活,没有他人生便没有了意义。

因此,如果你为爱而爱的话,一定要三思而后行:你能做到像去赴一场晚宴那样,精心打扮、开心享受一番后,就立刻回家睡觉,而不会因为晚宴时太过沉迷,就流连忘返而迷失自我吗?

纵使让人沉迷,晚宴也终有结束的时候。爱情亦终究会回归平淡,无法一生轰轰烈烈,尤其开端越是激情迸发、越是水乳交融的感情,便越难长久。物壮则老,这是千古不变的道理。

当然也会有一种例外的情况。爱情中的两个人恰好是病态地相互依存的关系,譬如身体都抱恙或者情感上都有缺失,遇见一拍即合的对象时,就会变成一个愿打一个愿挨的局面,相互依附、难舍难分。

然而,每个人的个性不同,所需的爱情类型、相处模式也不尽相同,在爱情中好似和对方融为一体,又能让你毫不顾忌地依赖他,这样的理想伴侣是可遇而不可求的。

年轻时的我,也曾非常期待"执子之手,与子偕老"的爱情,这一生就依附于一人,与他相守到老,想想都觉得美好不已。然而,很快我就被现实狠狠打脸。我做不到,也压根不是那种可以完全依附另一半生活的人。更扎心的是,我也没能找到理想中那个和我步调一致、一唱一和的对象。

最终,我幡然醒悟,精神上和情感上的独立自主才是我最想要和

真正喜欢的，也是最能让我感到愉悦和舒服的状态。我意识到那种太过牵缠、缺乏边界感的关系，其实只会消耗双方的能量和心力，对彼此的成长都毫无裨益。

因此，我果断戒掉了这种为爱而爱的"瘾"。不过，这并不意味着，我自此不再谈恋爱了。我只是不会再像以前那样一旦陷入爱情就

无法自拔了。于我而言，恋爱只是我获得美好体验的一种方式，或者是需要全身心投入的一场游戏，我会认真对待、全力以赴，但是不会让它伤害或消耗我了。

现在，请大家更深地去探索自己的内在：你究竟适合什么样的亲密关系？想清楚这个问题再行动也不晚。你可以多谈几次恋爱，多参考别人的案例和经验，借此可以少走很多弯路，尽早踏上自己恋爱的康庄大道。

不管你选择何种情感模式，你都要先把自己的日子经营好，这样才能以最佳的心理状态迎接另外一个人的到来。恋爱时要收放自如，能尽情爱，亦能及时抽身。投入感情时可以尽兴忘我，失去时也不会受到重创。

如果你的生活缺少亲密伴侣就会过得十分悲惨，这意味着你把自己所有的喜怒哀乐都投注到那个人身上了，你没有做到对自己负责，这既对另一半不公平，也会让自己陷入可怕的境地。

爱情并非我们生命的全部，它从来都只能锦上添花。生命最理想的状态，应该是一个人可以活得很精彩，两个人也可以建立健康的亲密关系，收获幸福。

看似美好的一见钟情，背后可能是你需要偿还的债

这种情况很难用语言详细解释，因为它属于潜意识动力的层面。就好像你莫名其妙地被一种致命的吸引力抓着不放，理性上根本无法

解释清楚。

　　此时,你要在心中默念:"我并不亏欠他什么,重要的是先过好自己的人生。我并不亏欠他什么,我也并非一定要和他在一起,我可以坦然放手。我们是真心在一起的,但我也无须毫无保留地付出。"你可以不断地用这种暗示性的语句,在潜意识层面进行自我催眠。

　　如果你能保持理智,遇到一见钟情的对象时,你便可以勇往直前。若你做不到一直保持理智,还是劝你赶紧逃开,不要做出飞蛾扑火的危险举动。

　　当我们有能力看清爱情里的陷阱和其背后的驱动力了,你受制于它的可能性就会锐减,找到真正好的伴侣的概率则会大大增加。

　　愿大家都心怀好奇与警觉,增强自我保护意识,不仅能纵情享受属于你的爱情,还能始终保持自在轻松的心态。

第二章

亲密关系的差异:
恋爱和婚姻不同

活出你想要的　　亲密关系

几乎每个人都希望拥有美好的婚姻，可是为何现实总是不如人意？这是因为很多人在走进婚姻时，都还处于一种无知无觉的状态。

我经常讲，在内在成长这条路上，我像一位资深导游，孜孜不倦地为大家引领人生之路。亲密关系的修炼亦需要指引，首先你要看清婚姻的本质，了解它与恋爱有何区别，这样你才能清晰地知晓自己想要到达的目的地以及到达的方式。

不仅如此，你还要知道在这段修炼亲密关系的路途中，不可避免地会遇到多重阻碍，正确避开才不会让自己吃太多的苦，也才能顺利地抵达你要去的地方，最终收获稳定和谐的美好婚姻。

1. 恋爱和婚姻有天壤之别

恋爱和婚姻完完全全是两回事。很多人在进入亲密关系前,并没有看清两者的区别,等到问题显现出来,只会变得手足无措,陷入无意义的争吵和内耗之中,让彼此都深受伤害。

那么,恋爱和婚姻究竟有何不同呢?

婚姻好似合伙公司,双方共同争取让利润最大化

谈恋爱可能是无忧无虑地结伴玩乐,经营婚姻则像两个人合伙开公司。

如果只谈恋爱,你尽可以自在随性一点,而且只要你学会了在关系里进退自如,就可以轰轰烈烈地去爱。婚姻则牵扯到方方面面,需要慎重对待,绝不能以草率的态度面对。婚姻需要合伙的双方都保持理智和清醒的头脑,而非只坐看风花雪月,只幻想激情浪漫。

在寻找"婚姻合伙人"的过程里,你可以从气质相貌、脾气秉性、

胸怀担当等多个角度考察对方，也需要双方互有好感、相处融洽，才能共同开办好家庭这家公司。与恋爱不同，合伙开这家名为"婚姻"的公司，要以创造"利润"为前提，如此这家公司才能健康地发展，婚姻才能幸福持久。

那么，婚姻公司的"利润"包含什么呢？夫妻双方的快乐幸福、家庭成员的相处感受、家庭财务收支状况、家庭未来的发展规划等都属于"利润"的范畴。在进入婚姻之前，我们一定要在心里构建"婚姻需要认真经营"的观念。倘若经营不善，婚姻就只会是浪漫主义的陷阱，双方只会落得两败俱伤的结局。

婚姻的本质不是爱情，而是修行

心理学领域的前辈吴和明老师在谈婚姻时，做了一个有趣的解读：

在结婚仪式中，主持婚礼的神父会向女方提问："你愿意这个男人成为你的丈夫，与你缔结婚约吗？无论贫穷还是富贵、疾病还是健康，你都会对他不离不弃吗？"事实上，神父真正应该问的是："你愿意嫁给这个男人，深入虎穴，成为他妈、他姐的替身，然后接受他人生二十八年来累积的愤怒吗？"如果女方点头说"愿意"，那就再向男方提问："你愿意娶她，把你家变成主战场，成为她爸、她哥的替身，接受她人生二十六年来累积的幻想、嫉妒和仇恨吗？"如果男方也说愿意，神父接下来应该说："那我现在宣布，你们正式结仇。"

对于这段趣谈，有些网友深有感触，改编的版本也很戳心：

神父应该对女人说："你愿意嫁给他，面对他对你幻想的破灭，和他一起经历生命深处的种种丧失，承受他所不能承受的、爱他所不能爱的自己吗？"然后，再对男人说："你愿意娶她，当她用最黑暗的部分面向你，你依然可以看到后面的光芒，不被彼此的心魔诱惑，不向绝望低头吗？"如果双方都愿意的话，那神父就应该说："我现在宣布，双修开始！"

这段趣谈生动地诠释了婚姻的真谛。步入婚姻，就预示着双方将共赴婚姻修行的主战场，开始一场漫长的修行旅途，直面各自的人生课题。

婚姻比恋爱更烦琐，要容纳更多真实的方面

婚姻不是只由鲜花、音乐、美酒等浪漫的因素构成的，也不会像童话故事里一样，只有王子与公主从此过上幸福快乐的生活的完美结局。我们要勇于接受每段婚姻都有残酷的一面的真相。

生活中定然有诸多琐碎的事情，双方都会经历情绪低落或者暴躁的时刻，对目前的生活，乃至对眼前这个人，也难免会有极度厌倦的瞬间。作为婚姻的局内人，因为双方逐渐熟悉，长久以来耐心逐渐被消磨，那些我们最不愿意被外人所看见的丑陋的一面，会在情绪失控的时候暴露出来，并且不考虑后果和代价。

一段婚姻的破裂不是一朝一夕的事。离婚这件事，其实会碍于人

性层面的因素,而变得麻烦不断、困难重重。倘若双方还有孩子抚育、父母赡养、财产分配等问题的牵制,那么双方分开的概率相当低。

最主要的问题是,==一旦进入稳定的、有法律约束的婚姻关系中,一方很有可能会把礼貌、有教养、正直、公平这些道德外衣早早褪去,而肆无忌惮地展露自己的"真性情"。==即使最恶劣、最真实、最不客气的一面以狰狞的方式呈现出来,另一方也会顾念两个人之间的感情而犹豫不决。

我很喜欢心灵导师克里斯多福·孟,阅读他的英文原版作品《亲密关系:通往灵魂的桥梁》时,我惊讶地发现我们的观点竟然有众多不谋而合之处,之后我便乐此不疲地翻译了这部作品。

他在书中提到,当年宣读结婚誓言时,他其实根本不了解结婚之后会进入怎样的状态,以致他婚后的那段时光可以用"水深火热"来形容。

后来,他深有体会地笑谈,当初的誓言应该是这样的才对:"我发誓在结婚以后,会给你带来难以想象的痛苦,导致你对我说出连纽约的出租车司机听了都会被吓到的话,并且让你后悔遇见我、嫁给我。而当你对我做出同样的事情时,我会用一个三岁小孩的方式来回应,并且用急性子、坏脾气,甚至冷漠来当作我的武器。

"而且在这个时候我不会想起来,当初我们结婚的时候,我们只是两个尽力想做到最好、非常相爱的普通人,我会把你当作我唯一的快乐源泉,你也是这样。到最后,如果我们没有离婚,如果你运气好的话,我可能会成长一点,并且了解到亲密关系的真正目的,从而和你白头偕老。"

倘若在结婚前，我们每个人都能够预见会出现这种情况，那么有多少人还有勇气踏入婚姻的殿堂呢？我个人认为，婚姻当中固然有低潮时期，也定然会有精彩时刻，我们不能因为不想去面对那些糟糕的、黑暗的一面，就选择逃避婚姻，不然就是因噎废食了。

最近，我和克里斯多福老师又通过一次电话，继续上次的话题。他坦诚地讲，他在二十出头的时候，悲观地认为自己这一生中再也不会有美好的亲密关系了。然而，到了三十多岁时，他邂逅了他的妻子素梅老师，他很开心自己找到了真命天女，顿觉那十几年的等待是值得的。

结婚之后，他们曾经有过一段低潮期，那时候素梅老师也跟我提起，她想要放一个婚姻长假，让自己出去走走。然而，在疫情过后，他们的感情又磨合到了一个新的境界，虽不能说是如胶似漆，至少也是相濡以沫，他们成了彼此的最佳伴侣。

每个人都需要在婚姻这条路上探索和成长。倘若在进入婚姻前，就能完整地看见婚姻最真实的样貌，接受婚姻并不仅仅只有风花雪月的现实，才更可能找到适合自己的幸福，在婚姻中创造双赢的局面。

活出 你要 想的 亲密关系

2

不论是恋爱还是结婚，都有五大注意事项

原生家庭中的亲密关系模式，
很可能会在他的亲密关系之中重演

你要用心并且理性地去观察：他和父母相处的模式是什么样的？他的家庭氛围融不融洽？他的家庭成员间的互动关系好不好？谈及父母时，他的语气、态度都是什么样的？

这些都很重要。如果他表现出淡漠的状态，那就表示他有一天也会用这种淡漠的态度对待你。如果他表现出怨恨的状态，那就表示他有一天也会用这种怨恨的目光和语气和你说话。如果他对自己的父母充满包容，会顾念父母抚养自己的不易，那可以判断他懂得换位思考，既能为对方着想，也能放下自己童年未被满足的痛苦。

如果他父母的关系是融洽温暖的，这会是他很重要的一个加分项。因为父母相处的模式，是他潜意识里会不自觉地学习的，会影响他将来和亲密伴侣的相处模式。

如果对方已成为你想要结婚的对象，务必注意：他和父母任何一方切不可存在特别的仇恨或者依附牵连。我们都听闻过妈宝男给妻子带来无尽痛苦的婚姻悲剧。假如他的母亲对他表现出异乎寻常的依恋，那你就要立刻提高警惕。和妈宝男的婚姻，定然会出现三个人无尽纠缠的状态，并且三个人都会痛苦不堪。婚姻之中，伴侣的兄弟姐妹的状况也很重要，你也要留意一下他和兄弟姐妹的关系如何。

原生家庭中，倘若有父母对子女一直抱有超高期待却屡屡失望的情况，也要特别注意。其实，让父母失望，有时错不在他，而在于父母对他的期望不切实际。但父母从未放下期待，于是一直批判他不够努力、不够优秀。

倘若一个人一直在父母的指责下长大，他的自信心会严重受挫。长期下来，他定然受够了父母的奚落、嘲讽、抱怨和不满，心中会积聚怨恨、愤怒的情绪无处发泄。所有的负面情绪都被储存在他的潜意识里面，等进入亲密关系，遇到一定的情境时，他就会不自觉地宣泄出来。

我们人类的大脑，有本能脑、情绪脑和理性脑之分，前两者属于旧脑，理性脑则被称为新脑。本能脑主管生存需求，它没有情绪，亦无理性，所做的判断完全凭借本能，比如饥饿时就想进食、困意来袭时就想入睡，完全受本能控制，受生理需求制约。情绪脑主管情绪，它让我们有喜怒哀乐的感受，让我们开心时就会大笑，恐惧时就会想逃避。理性脑则负责理性地思考问题、回答问题、解决问题。

恋爱初期，我们可能多依靠旧脑，通常头脑一热就会坠入爱河。此时，理性脑暂时休息，等到了一定程度的熟悉和放松的状态，甚至受到一定伤害时，理性脑才会发挥作用。

很多人在恋爱初期依靠本能脑行事，到了后期情绪脑才会出手。情绪脑有自动匹配的特点，如果他对最为亲近的父母怀有怨恨，那么当他和你在一起时，你就会接替他的父母成为他最亲近的人。此时，情绪脑会自动匹配，他会把早前累积的负面情绪，如怨恨、愤怒等，全部宣泄到你身上。情绪反应有时比本能的反应还要快。此时，理性脑是无法掌控全局的。

婚姻绝不是两个人的事。两个人缔结婚姻，代表着两个家族、各自的朋友以及身边能量场的全部结合。我常常看到，婚姻里面夫妻二人吵得不可开交的最大原因，就是一方没有平衡好自己的家庭与原生家庭的关系，比如男方对自己的兄弟姐妹照顾有加而忽略了小家，或是女方倾尽全力为原生家庭付出。

夫妻间的任意一方肆无忌惮地把原生家庭的印记带入新的家庭里，会造成婚姻里剑拔弩张的情形。在你投入感情之前，务必先观察他的家庭模式和状态是什么样的。不太健康的原生家庭模式，一定会影响你们未来的婚姻。

反之，你自己的原生家庭也同样重要。通常情况下，你的亲密关系之所以不断重复某种痛苦的模式，正是因为你在延续父母的亲密关系模式。想解决这个问题，就需要用心疗愈和转化。如果你的结婚对象愿意敞开心扉去学习和成长，并且有意识地想要挣脱原生家庭模式的束缚，那么你可以考虑和他一起疗愈、一同成长。

对方在乎的是对错，还是你的感受？

如果伴侣老是在争对错，完全不顾你的感受，那是十分伤人的。

当我和别人发生冲突、受到委屈时，回来就想跟我的爱人哭诉，如果他不想着安抚我的情绪，而是急着帮对方辩解，期望我从理性上看待问题，甚至直指我的委屈并不合理，对方反倒更有苦衷，这对我来说简直是亲密关系中最糟糕也最让人讨厌的情形。

因此，后来当我交男朋友时，就会直接和他约定："如果我找你哭诉自己的委屈，你一定要先共情我的情绪，如果非但想不出如何安慰我，甚至反而帮对方辩解，那我宁肯你一直保持沉默。"

后来我才发现，**有些男性并不具备与他人共情的能力；他压根不会也不理解自己为什么要站在一个偏袒你的立场上去说话**。还有一种情况是，有些男人从小在易怒的母亲身边长大，他对于处理女性的负面情绪是心怀恐惧的。即使他已经长大成人，面对相似的问题时，他还是只能维持一个三岁小孩的心态，变得手足无措、一脸茫然。

因此，我学会了心中若有委屈，可以找闺密倾诉，找心理师咨询，找别的朋友谈心，而避免和男朋友谈论，因为向错误的对象倾诉的结果可能会让我失望透顶。

如果他不能共情你的感受，不能和你有情感上的交流，不能及时安抚你的情绪，那就不要对他抱有任何期望。因为你一旦说出口，就会期待获得他的安慰，如果这对你来说很重要，而他基本上无法做到的话，那么这段感情可能也很难走得长远。

对此，我的建议是，如果他有很多优点足以掩盖这个缺点，你可以放弃这个要求，找其他的朋友倾诉来满足你急需被安慰的需求。然而，如果你十分注重这种被无条件支持和抚慰的感受，希望对方能关注你的感受而不是对错的话，你就要慎重评判自己选择的结婚对象是否合适。

被问及过去交男/女朋友的经历时,他是如何谈论他们的?

假如一个人谈到前任时,仿佛每一个人跟他都有深仇大恨,都是自己无辜对方有错,那你要知道,他可能有严重的受害者情结,无法为自己的境遇、感受负责。

他甚至可能对整个世界都怀有敌意,不论面对谁,都只能看到对方不好的一面,不能由衷地感激对方曾经对他的付出,也无法坦然地对过往任何一段经历表示感恩、做出反思。

时过境迁后,不管所经历之事是好还是坏,我们总能从中学到一些东西。无论前任是怎样的人,对方都会让你有所领悟,让你学到一些人生功课。

如果他始终从负面的角度去看待过去的伴侣、过去的婚姻,那说明他将来也会以这样的方式对待你。在亲密关系里,他可能总是横加挑剔,把他心里暗藏的那些挥之不去的敌意都投射在你身上,待最后走到分手的结局,他也自然会认为这都是你咎由自取。

我们要看清楚一个人的人品,可以观察当他和别人发生冲突、自己的利益受到侵犯时,或者他和别人有了不愉快的经历后,他的态度是什么样的。如果他是宽容的,能够又理性又很有条理地去处理问题,那说明他很值得你真心交往。

如果他始终表现得很负面很消极,那你就要警觉起来。**和一个情商极低、永远不会寻找双赢策略的人走入婚姻,真的如同跳进火坑。因为他会用对待别人的恶劣态度来对待你,甚至生气了就和你一拍两**

散，没有一点包容他人的度量，这恐怕是最糟糕的亲密伴侣。

🌸 你选择的他是否情绪稳定？

一个情绪不稳定的人，是不太可能带给你快乐的。尤其是当你十分在乎对方时，你会深受他的影响，天天因他的情绪起伏而心神不定。

对女性而言，如果你能在他心情不佳时不予理会，专注于自己的事，等他心情好转时，再和他促膝谈心，保持淡定和潇洒的态度的话，那你自然不会因他的情绪不稳定而受伤。

不过，如果你是男性，劝你千万不要这么做。因为女性更容易陷入情绪的旋涡之中，她最需要的是你无条件的支持：既能共情她的委屈，亦有跟她站在一起的决心。

有趣的是，越"渣"、情绪波动越大的男人，反而越有趣，对异性更有吸引力。他们展现出来的状态通常是比较幼稚、童真的，无法很好地控制自己的情绪。

这种幼稚、童真的状态，恰好会激起女性的保护欲，让人想去爱他，想去珍惜他，想跟他在一起。可是问题在于，情绪如此不稳定的伴侣，肯定会在家庭中制造冲突。尤其是在有了孩子以后，他能不能对孩子有耐心，是否动不动就发火，这些都是要关注的。

因此，我建议，如果你找男女朋友是以结婚生子为前提，一定要三思而后行，你所做出的选择会决定你的儿子或女儿拥有什么样的父亲或母亲。如果对方符合你心目中好父亲、好母亲的形象，你再考虑和他步入婚姻，否则日后有了孩子，就追悔莫及了。

亲密关系中的财务课题

这个部分尤其重要,涉及的内容也比较多,我会在第六章中做详尽的探讨。

总之,当一个女人事先明白婚姻和恋爱截然不同,那么她在亲密关系里就会少吃很多没必要的苦。因为她会抱着不一样的心态和期待进入亲密关系,而不会盲目地一头栽进婚姻,让自己陷入两难的局面。

在和伴侣相处时,我们也要多多注意亲密关系里的五大注意事项,希望大家都能对照检视自己的亲密关系,针对问题找到对应的解决办法,让两个人都能够觉察到问题,从而修复关系,进而获得成长,既活出真爱人生,也活出真实的自己。

第三章

亲密关系的理智与情感：正确看待对方的优缺点

活出你想要的　　亲密关系

你可能会因为一个人的优点而爱上他，从而开始一段亲密关系，久而久之，你也可能因为他的一些缺点而离开他，这是很多人在亲密关系里的真实状态。

受热恋期的激素影响和自己心里的各种需求驱使，我们会无限放大对方的优点，觉得对方就是自己的"完美伴侣"，陷入晕轮效应之中，以致忽略了实际生活中需要注意的诸多事项。

1

在亲密关系中，
如何正确看待对方的优缺点呢？

在亲密关系中，平衡好理智和情感至为重要

在亲密关系中，尤其是在热恋期，平衡好你的理智与情感至为重要。在开始一段亲密关系之前，不要盲目追随自己炽热的情感，要让你的理智也参与其中，只有这样才不会被对方的几个优点完全遮蔽双眼，之后也不会因为发现对方的一些缺点而失望地断然离开。

我所探讨的内容可能会颠覆你惯有的认知。乍一看你可能会觉得："哇，原来对方那些常见的优点，其实有可能都是缺点啊，我都不敢谈恋爱或结婚了怎么办？"

大家大可不必担心，我们对亲密关系了解得愈多，才能更有的放矢地经营婚姻关系，不至于在无知无觉的状态下就进入婚姻，让自己陷入后悔和挫败之中。

在恋爱初期，你可能满眼都是他的优点，相处许久，你才会恍然

大悟：原来对方身上的那些优点，只是被自己美好的幻想无限放大了，甚至原先他最闪亮的优点正是此时你最看不惯的缺点。

很多结婚多年的夫妻，怀着困惑找婚姻专家咨询，梳理自己婚姻中各种各样的问题时，才惊觉："原来我现在非常讨厌的伴侣身上的缺点，恰恰就是以前他吸引我的优点。"

因此，在进入令头脑发蒙的热恋期之前，我建议你先理清对方身上的优缺点分别是什么，以及那些优点将来可能会演变成什么样的缺点。继而思考清楚：你能否接受他的那些缺点？怎样才能防止这些所谓缺点变成将来亲密关系中的障碍？

2

九种常见的优点类型

接下来,我将列举九种常见的优点类型,你可以参照对应,希望能给大家带来新的收获与体会。

体贴入微

在亲密关系里,体贴入微的人很容易让伴侣感动。被无微不至地照顾,被无限地关注,会让伴侣觉得自己无时无刻不在被爱、被在乎,这的确是一种很好的情感体验。

可是,细心体贴的另一面,通常是极其在意细枝末节和过度敏感。他对细节的要求良多,情感的敏锐度很高,不经意间就容易感到被冒犯。可能在步入婚姻之后,这个你当初无比欣赏的"优点",会演变成你再也无法接受的"缺点"。

你可以想象一下,有一个人每天伴在你身旁,不断地监督你,任何细枝末节都不放过，你会是什么样的感受。小到牙膏的使用方式、衣服收纳方法、饮食禁忌、睡觉姿势，大到房间布局、物品摆放方式，他都十分在意，因为他太过在乎细节又太过敏锐，你会很容易冒犯到他。严重时，他会锱铢必较，甚至演变成睚眦必报。

生活中有很多鸡毛蒜皮的事，也许粗线条的你从来不当回事，可在他心中却是要事，若你们一直以这样的模式相处，生活中一定充满令人窒息的"低气压"。

总的来说，一个体贴入微的人固然有吸引人的一面，但是我建议你在为爱疯狂之前要想清楚，并仔细观察他的细心体贴有没有不好的一面。所谓物极必反，是铁律。

理解你且富有同理心

对女性而言，一个有着丰富的同理心、能理解你的想法、对你的悲欢感同身受，并且无条件支持你追求快乐的人，往往具有很强的吸引力，也容易令你爱得昏头、爱得失去理智。

的确，具有丰富的同理心是优点，但是它的另一面是多愁善感。富有同理心的人，通常也容易伤春悲秋，情绪不甚稳定。也正因为他自己经常有情绪起伏，在这方面要修的功课甚多，所以才更具备理解别人的能力。

然而，倘若他放任自身的情绪频繁起伏，会影响甚至严重破坏你们之间的关系。他们往往不像情绪稳定的人那般，可以用理智控制自己的情绪，让自己基本维持一个平稳的情绪状态。他们会因为情绪失控，让你遭受一场场没有预告的情绪风暴，狠狠地伤到你的心。

总之，当一个非常懂你的人出现时，在被爱情冲昏头脑之前，你要仔细考量他的情绪管理能力。倘若他是容易情绪化的人，那你能否接受这一辈子就和这样的人相守到老呢？

十分勤劳

毋庸置疑，勤劳是一种美德。遇到一个既勤劳又擅长做家务、把自己的生活环境收拾得井井有条的男朋友或女朋友，是一件令人愉快的事情。

可是，在这里我要告诉大家一个有趣的现象：一个在婚前看起来勤快能干、擅长做家务的人，在婚后可能变得懒惰不堪，可是即便如此，他仍不会放弃对家庭整洁度的高要求，甚至期望你达成他的各种高要求。

那么，如何判断你的未来伴侣是不是这类婚前婚后有极大反差的人呢？有一招很有用，那就是观察在他的原生家庭里他和母亲的关系。如果他是那种需要母亲跟在他身后帮他收拾残局的人，那他一定是一个婚后懒惰的家伙。

正因为他从小到大都习惯有人帮他收拾东西，他定然无法忍受身边的居住环境脏乱差。你们在一起生活后，若你把家里弄得凌乱不堪，他一定会心生不悦，但绝不会躬身收拾。他只会对你横加挑剔、颐指气使，若你不乖乖照做，就免不了爆发口舌之争。

家务分配，本就是婚姻生活中非常重要的一个方面。在大部分家庭里，做家务常常会让人积累怨气，若长期分配不合理，怨气聚沙成塔，最终可能会导致婚姻关系破裂。

近来，我体悟到，勤劳的人分两种，一种是天生爱劳动的人，另一种是喜欢用"做事"来证明自己有价值的人。后一种勤劳，是用来服务他的"小我"的，如此会让他自我感觉良好，进而激励自己主动付出更多。然而，倘若他不乐意干活，可能你撒娇请他倒杯水他都要狠狠给你脸色看。

因此，恋爱之初，不要轻易就被对方的"殷勤"收买了，要冷静评判这个人是否具备爱的能力。

责任心很强

对个体而言，有很强的责任心绝对是优点。倘若在恋爱中，他不仅对你表现出极强的责任心，对原生家庭也展现出过度的忠诚和责任心，你会感到安全感爆棚。可是，当你们组建自己的家庭后，原生家庭的束缚和牵制会影响你们的感情。

责任心很强的人通常分为两种：一种是真的有担当，也有能力去负责的人；另一种则是因为害怕背负愧疚感和罪恶感才去负责的人。这两者之间存在天壤之别。步入婚姻前一定要仔细甄别你选择的未来伴侣到底属于哪种类型。

如果对方是后者，那么在将来的婚姻当中，他可能会因为没有办法忤逆父母而盲目听从父母的要求,牺牲小家的利益,强迫你委曲求全,只为满足自己原生家庭的需求。更有甚者,会为了自己的亲朋好友做出格的事,比如一时意气替朋友出头、不惜做连带担保,甚至不计后果地替人承担债务等。结果可想而知,只会让你们的小家庭不堪重负。

因此,恋爱之初,切勿被他超强的责任心所迷惑,你一定要审慎判断自己能否承受这种超强的责任心带来的后果。

情绪稳定,让人有安全感

一般而言,这种类型的人是挺不错的,和他共同生活会很稳定。然而,问题在于,久而久之,你可能会觉得生活平淡如水、乏味无趣。

情绪稳定也可能代表着一个人和自己的情感没有联结能力,情绪感知能力没有那么敏锐,因而,有这样的特质的爱人和你的情感共鸣也会比较薄弱。

也许,他婚后和你探讨的都是外界俗事,无关内心感受,抑或在你情绪有巨大起伏时,他因为无法感知而表现得无动于衷,甚至你认为极为重要的事情,他却毫不在意,反而认为是你在大惊小怪。

有这种特质的人,与前面提到的富有同理心的人截然不同。和这种情绪很稳定的人相处时,由于他没有情感联结能力,他很可能真的读不懂你内心丰富的情感。于是,在相处中,他可能会不解地追问:"你为什么要为这点小事大动肝火?"他甚至还会帮外人辩解:"对方这么做一定有他的苦衷,你为什么要如此在意?"

对女性而言，自己内心的情感世界无法得到伴侣的理解，是非常糟糕的一种感受。也许有人心里已经开始打鼓："到底该如何选择伴侣？任何优点的背后都潜藏着问题吗？"

如果对你而言，情感上的支持很重要，而且这种支持必须来自你的伴侣，那你就要评判下自己能否忍受伴侣的情绪不稳定了，比如频繁的情绪起伏、不时而来的焦虑和抑郁，甚至有人还表现出双相的情绪特质。所谓"双相的情绪特质"是指，他有时亢奋，有时又非常忧郁，处于低落的状态中，他可以在情绪的两端无缝切换。

有双相情绪特质的人在生活里会比较有趣，极具吸引力，这与无趣、没有情感联结能力的男人截然不同。然而，相处久了之后，这种有双相情感障碍的人，情绪的起起伏伏真的会把你折磨得很惨。

你要好好评估自己的包容力和承受力，如果你平时比较敏感，容易受伤，不是一个能够疏解内心烦闷、适应自己和对方的情绪变化的人，最好要三思而后行。

同样，如果你需要一个情绪稳定、让人有安全感的伴侣，那你在情感方面的需求，就可能不会被满足。相处久了之后，你可能会觉得无趣到窒息。

当你需要被倾听、需要情绪的出口、需要被人理解时，你的伴侣可能帮不到你。此时，你也可以去找闺密、好友、专业的咨询师，向那些非常懂得你的内心情绪、会满足你的情感需求的人求助，让他们为你提供情绪价值。

当然，我个人认为找咨询师是不错的选择，因为他们除了能理解你、支持你，还能够帮助你看到自己、回观自己，同时能够帮助你整合自己内在的各个不同的方面，获得个人成长。

聪明、能干又优秀

每个人都喜欢聪明、能干又优秀的人，不过这类人的另一面，一定十分强势，有自以为是、独断专行的特质。

有这种特质的人，早就习惯了待在自己的世界里，认为他是最好的、他是最对的，采用他的方式也总能够把事情处理得十分妥帖。那么，和你结婚以后，即使两个人还需磨合，他也会单方面地认为无须采纳你的建议。处处优秀能干的他，为何要接受你的建议呢？为什么就因为和你在一起了，就要改用你的方式做事呢？

如果你想和聪明、能干、优秀的人成为长久的伴侣，就要先判断他的个性是否强势。也有很多人既聪明能干，又不会表现得很强势，更不会事事自以为是，虽然这样的人凤毛麟角，但现实中一定存在。

优秀但不强势的人，虽然习惯了以自己的方式行事，但是倘若对方坦诚地告诉他，自己不喜欢他的行事方式，或者建议他用更好的方法，他们会愿意放下执着，试着站在对方的角度看待事情。如果他们认同对方提议的方法，或者明白如果还坚持己见，会让对方心里很不舒服，他们一定会试着体谅伴侣的感受，采用不同的方式来处理事情。

如果对方是聪明、能干、优秀又具有同理心的人，他会愿意理解你，尽量在一些事情上听取你的意见，而不会独断专行。如果对方聪明、能干、优秀但是比较自恋，觉得自己就是最好的，那么他依然会

我行我素，断然不会和你商量。

那么，什么样的人既优秀又具备同理心呢？一方面源自天生的性格，另一方面则与原生家庭有关。以我自己为例，自小我的母亲就强势独断，她习惯控制我，全方位地掌控我的生活，让我受了很多苦。当然，母亲控制我的时候，也给予了我很多的爱，只是儿时的我常常有个念头：我宁可母亲不要那么爱我，给我更多自由的空间。这样痛苦的儿时经历让我深刻反思，以至我在自己孩子身上运用了截然相反的亲子关系模式：我只想让他们觉得自己的母亲随时可以依靠并给他们提供支持，而不是无时无刻不掌控他们的生活。

世界上的爱分很多种，独断的爱，掌控的爱，索求的爱，依赖的爱……有的并非健康的爱，但有一种爱叫作"支持的爱"，它不只是健康的，还能给对方温暖、体贴、被支持的感觉。我期望在亲子关系里让孩子感受到——妈妈始终都在这里支持你，你需要我的时候，我会第一个跳出来。我在乎你的感受，而不是在乎这件事情造成的损失或是我有没有面子。我也不在乎其他人的看法，我在乎的是你，我的孩子，还有你的感受。

在伴侣身上，我也尝试践行这种"支持的爱"，不管他有何遭遇，我都会第一时间关心他的状态，跟他有商有量地沟通，并尊重他的喜好和需求，尽量顺应他的想法。

倘若你遇到的伴侣是不愿意示弱的，那么在他的关系模式里，他会认为开口说出自己的需求、喜好，会被人误解为主动示弱。你要是绞尽脑汁地猜测他的心思，终会让自己身心俱疲，只得乖乖投降。然而，假如你忽视他的需求、喜好，以自己的方式做事，他又会感觉被冒犯。长此以往，你们之间的亲密关系容易出现问题，对双方而言都是一种折磨。

在亲密关系中不愿意示弱的信念也源自原生家庭，如果双方没有意识到这个问题，即使两个人已经组建了新的家庭，原生家庭的影响也还是会如影随形。

长相帅气，性格又好

长得帅、谈吐佳、善于察言观色、女人缘特别好、深受欢迎的男人，自然是很容易让人动心的对象，不过悄悄告诉女性朋友们，通常这些特质也是大部分渣男的特质。

这种男人的优点是讨女人喜欢，异性缘特别好，缺点也是如此。有这些特质的男性，你需要通过以下这些点来考察他的本性：他的道德感是否够强，责任心是否够强，情绪是否稳定，原生家庭给他塑造的价值观是否正确，以及他是否有足够的能力约束自己。

如果以上几点的答案都是"否",或者有几个是"否",那么他花心的概率就会很高。我个人建议,如果你是一个对伴侣的忠诚度有极高要求的人,那么对这种类型的人,欣赏一下他帅气的外表就够了,和他恋爱结婚千万要慎重。

幽默风趣

如果你特别喜欢谈吐幽默风趣、说话自带有趣调调的人,你要注意:他幽默风趣的特质也许需要有人捧场才会显现出来,抑或仅在恋爱初期,出于表现自己的目的才会尽情挥洒。

当你们进入同吃同住同劳作、日复一日费心于柴米油盐酱醋茶的亲密阶段时,他可能就不会再展现出这种有趣的特质了,因为那是一种引起别人注意、证明自己价值的手段,在日常琐碎的生活当中,尤其是只与你共处一室时,他就不需要施展了。

如果你把"有趣"这种特质作为你爱上他、要和他结婚的理由,之后的状况可能就会演变成:他对谁都幽默风趣,除了对你;抑或他什么时候会对你展露幽默的一面,全看老天的垂怜。心情好时,他可能报以一笑而过的幽默;如果心情不佳,你能看到的就只有他故意摆出的臭脸。

另外,如果幽默过头,就会显得油嘴滑舌,全然看不到他的真诚。在热恋期,你的感受可能不会那么强烈,但久而久之,尤其是到了一定年龄阶段,他从前的幽默风趣,在你眼里只会是油腻不堪,让你生理不适。

如果只是单纯谈恋爱，幽默可以充当情感关系里不错的润滑剂，但婚姻生活并不能全然依赖这种感觉，因为对方的幽默供应，是你无法掌控的。单凭幽默有趣，日子是过不好的。

如果你因为对方幽默风趣，而决定选择他做你的结婚对象，我建议你更加全面地看待这个人，他除了幽默风趣之外还有什么优点？他是不是你理想的伴侣？并且你要想好如果日子久了，幽默感变成油腻感，你还能不能接受。

明理、善良、有教养

这样的人识大体、顾大局，懂事、家教好，做事中规中矩，看上去似乎很适合结婚。不过有这种特质的人的另一面是——**他可能不太有趣，甚至极其无聊。因为这样的人从小被要求懂事、乖巧、循规蹈矩、为他人着想、顾全大局等等，受家族传统的道德观念影响至深，内心深处甚至怀有害怕别人不喜欢自己的恐惧感。**

他们有可能自我封闭得比较严重，遵循的是"乖乖牌"的模式，因为没有太强的探索、改变的动力，通常表现出来的外在状态会比较无趣、不性感，对异性也没有很强的吸引力。更糟糕的是，他可能会动不动拿自己的道德标准来审视你、批判你，妄图成为你的"人生教官"。

如果你选择和这样的人结婚，就需要在日常生活里，把婚姻当成一个公司去经营，循规蹈矩地度日，有话直说，有事就做，一起运营，共同盈利，不会有太多有趣浪漫的事情发生。

倘若你做得到这些，那么和有这种特质的人在一起，婚姻生活会比较稳定。不过，对有些人而言，有趣、魅力和活力才是婚姻关系里的必需品。我个人建议，大家在婚姻里面，可以把这类要求降到最低。因为无论他是多么有趣、有魅力、有异性吸引力的人，在和你朝夕相处十年后（当今的情况可能都不需要十年了，三年就会变化），都会变得平平无奇。你看他是如此，他看你也一样，这就是现实。婚姻关系里重要的是务实，适合恋爱的对象和适合结婚的对象，往往会是不同的两个人。

总之，我们在审视结婚对象的优点时，要稍微多花一点心思、多一份觉察，了解他优点的反面可能会是什么，并判断下自己能否全盘接受。

人是一个综合复杂体，一个人往往会具备多种特质，所以你一定要全面地了解、观察之后再做决定。对任何事情而言，在开始前多花点心思去琢磨，之后再采取行动，就一定会提升成功率，婚姻大事也是如此。

总之，本章节的内容绝非为了让你永远单身，把看起来不合适的人都淘汰掉，而是让你明白人无完人，结婚前一定要做明智的取舍。**在亲密关系里，要知道伴侣是瑕瑜互见的。你不能太贪心，什么都要，有时分散自己的需求才能更好地经营自己的婚姻。** 比如，情感上的需求，可以从闺密、宠物、孩子身上获得。至于心灵层面的理解，可能要找志同道合的朋友，来和你一起探索人生更深层次的奥秘。倘若你喜欢户外运动，但伴侣不喜欢，你也可以找兴趣相投的朋友。切勿把自己的生活和心理需求全都依附在一个男人身上，只有这样才能找到最适合你的伴侣，并拥有美好的婚姻。

第四章

亲密关系的重要协商：
想要白头偕老必做的婚前协商

活出你想要的　亲密关系

步入花甲之年之后，我更加深刻地体悟到要想有一段幸福的婚姻，就需要双方在婚前做好充分的沟通和准备。很多夫妻正是因为在婚前没有就原则性问题达成一致，最后才导致婚姻中危机重重，关系也面临破裂。

其中，"婚前协议"是极为重要的，你需要与伴侣谨慎沟通、达成共识。也并非要完全意见一致，有时我们也需要彼此协调、让步，做出妥协，甚至牺牲。

1

为何婚前协商尤为重要？

有人可能会担心还没结婚就签协议（也可以是君子之约，只是口头讨论、双方达成理解）会伤害感情，但并非全然如此。有些事即使婚前协商好了，也并不代表对方就会依照约定去做，这是让人无奈的现实。不过，进行婚前协商的过程会帮助你认清他是什么样的人，以及结婚后你将面临什么样的状况。

以家务的分配为例，即便你们婚前协商一致，婚后由他负责洗碗、打扫房间，由你负责采购食材、做一日三餐，待真正步入婚姻后，如果他根本不喜欢也不情愿做这些事情，即使曾经答应过你，他也可能临时变卦。起初，他或许会态度谦卑地找各种理由，为自己辩解为什么不能实现婚前的承诺，跟你撒娇、耍赖，看起来甚至还有点可爱。然而，随着时间的推移，每日面对生活中柴米油盐酱醋茶的琐碎家务，你对他的懒惰只会愈来愈不满，而他的脸色也会越来越难看，他的每一个行为似乎都在对你表达不满——我就不做，看你能把我怎样。

因此，在婚前协商这些事情，并非只是为了达成一份约束双方的协议，而是借由这个过程，让你唤醒自己的理智脑，评判下此人是否真的适合和你步入婚姻。

假如某位男士在婚前就直白地和你说："生孩子、做家务都是你的事情，你不仅要出去赚钱，还要好生伺候我，而我是不可能跟你分担任何家事的。"那么，你还会考虑嫁给他吗？

又或者，某位女士在婚前毫不掩饰地说："我不生孩子、不做家务，也不出去挣钱，你要养我，给我买最好的化妆品、奢侈品、生活用品，倘若你不能满足我，我就另觅他人，跟你离婚。"那么，你还会考虑娶她吗？

当然，结婚之前很少有人会如此坦率直白，但是在商议这些事情的过程中，如果你始终用理智而清醒的头脑去评判对方的反应，就可以分辨出对方究竟怀有多大的诚意去践行你们婚前协商的内容。

婚后的生活是十分消磨人的耐心的。如果你们只愿意享受相爱时的美好，却不思考和探讨婚后的一些现实问题，那么这段婚姻可能终会让你们变得心累和沮丧。若财务状况不佳，更是雪上加霜。

试想一下，当你满怀期待地生下了宝宝，生活却捉襟见肘，既没钱请保姆，双方父母还没时间来帮忙，丈夫又以工作为由光说不做。在这种境地下，你可能会选择回归家庭，独自抚养孩子、承担家务以及照顾双方父母，一人负担起家庭的全部后勤工作。此时，不只家里所有人都会给你提要求、挑你的毛病，等到孩子年龄稍大一些，你还会面临被催生二胎的窘境，这种婚姻生活想想就令人窒息。

婚前协商的过程至关重要，可以让你评判你选定的伴侣是否适合结婚、有没有足够的责任心与你一起经营好婚姻这个家庭公司。在协商的过程中，也希望你能冷静下来，控制自己恋爱上头的冲动，好好想清楚这些现实的问题后再决定是否迈入婚姻。

现在的年轻人头脑都非常清醒,以至结婚率大幅降低。有一个美国的婚姻专家名叫约翰·高特曼,他说过:婚姻中70%的问题都是无解的。这句话听起来有些悲哀,但更深层的意思是——婚姻中70%的问题虽然无解,但可以通过包容、体谅、理解、让步、妥协,甚至是牺牲来化解。这就是婚姻的真相,听起来让人很无奈,却很真实。

想拥有好的婚姻,首先就要了解并接纳这个真相,不要飞蛾扑火,而要三思而后行。有人说,好的婚姻就像是千万家产一样,是非常难得且稀有的,偏偏结婚的人似乎都带着买彩票的侥幸心理:即使中奖的概率很低,我也可以试试,说不定就中了呢。然而,为不幸的婚姻付出的代价要比买彩票不中的代价大多了,我们要谨慎小心,提前做好心理准备。

2

十种婚前协商的方向

作为一个过来人,我选择了下面十种婚前协商的方向供你参考,希望可以给你一些启示,少走些我走过的弯路。

🌸 双方的人生观、对人生的展望能否互相兼容,是否有相同的兴趣爱好等

你们对人生是否怀有同样的展望?双方的人生观是否相同?你们对未来的发展规划是否有重合之处?

首先,双方对于人生的展望不需要完全一致,但是要相差不大,且能互相兼容。比如,当你告诉伴侣自己未来的人生规划时,虽然他和你的短期目标不同,但是他会理解并支持你,这就足够了。人生展望不是一成不变的,即便两个人二十几岁时就认识,走过谈恋爱、结婚、生子的人生历程,双方都三四十岁时,人生依旧存在变数。甚至如我,如今已六十岁了,生命还在历经成长与变化。

我们无法预测自己的人生,只要夫妻各自对人生的展望不要相去甚远,彼此能互相兼容,并一直愿意支持对方,就已足够。

其次,双方要有共同的兴趣爱好。比如,两人都喜欢运动,可以一起爬山、打高尔夫球,或者都崇尚养生,可以一同禅修……共同的兴趣爱好会为日后夫妻同吃同住同劳作的无趣、沉闷的日常生活增添乐趣,也会成为两人的感情中良好的润滑剂。

倘若双方没有共同的兴趣爱好,随着时间的推移,你们之间会因为缺少必要的互动而疏离,双方可以共同探讨的话题也会日渐减少。

此外,还有必要探讨一下双方的交友方式,以及你们的生活中是否有共同的朋友。如果你们互相看不惯对方的朋友,在交友上楚河汉界各不相干,那你们就要提前做好约定:可以允许对方看不惯自己的某位朋友,但不可因为个人的喜恶就迫使对方舍弃自己的朋友圈子,这样只会导致双方失去自我,无论是婚姻生活还是各自的生活都不会快乐。

然后,还有一件非常重要的事情需要约定,那就是双方都要拥有独处的时间和空间。生命的本质是要学会独处,在人生不同的发展阶段,独处都发挥着极其重要的作用。 两个人结婚后,必然有很多事情需要共同面对,姻亲的往来、家务的操持、孩子的抚养等,事无巨细都要处理。试问一下,在共同承担繁重的家庭事务之余,你们各自需要多少独处的时间和空间呢?双方能否达成一致呢?

一般情况下,大多数男性都希望有更多独处的时间和空间,至少比老婆能给自己的要多。有些女性也有这样的需求,但是苦于现实情况不允许,往往是求而不得。就像我自己,走到如今的生命阶段,我期望独处的时间能有 70% 以上。我并不想和一个男人朝夕相处,让他

侵占我更多的个人时间和空间，除非双方真的非常契合、相处非常融洽。

在婚前，你们要各自为自己争取独处的时间和空间，这一点非常重要。倘若你希望二十四小时都和对方耳鬓厮磨、相互陪伴，那么我可以断言，你们的婚姻一定会有不可预测的糟糕状况出现，而且你也一定会经历巨大的失望和痛苦。倘若你此刻没有独处的需求，请你去发展这种需求，这对你个人将来的心理健康以及婚姻的稳固都大有裨益。当你能独自进入心流的状态，享受自己独处的时光时，就说明你拥有了让自己幸福的能力。

谈到独处空间，还有一件事需要探讨：你认为他和异性相处的安全距离是多少？如果对方和前任还保持着联络，你能坦然接受吗？假如他要和前任见面，你会提出什么要求？倘若他和前任有孩子，在讨论孩子的问题时需要一起吃饭、互动，你认为他们需要保持什么样的安全距离……诸如此类的具体事宜都需要你先去了解，双方取得共识，让他建立边界感，才不至于让他的上一段关系影响到你们之间的感情。

你们处理情绪的方式，能否达成一致？

处理情绪的方式在婚姻中是命脉一般的存在。因为在亲密关系中，当你不高兴时需要伴侣用什么方式去安抚你，决定了你们将以什么模式携手度过彼此生命中的低潮期。

大部分男人在情绪低落时，都需要一个山洞般的存在，需要妻子给他充分的空间和时间独处。他需要进去躲一躲、疗愈创伤，待重整旗鼓后再出来面对这个世界。倘若妻子此时不但不给他空间和时间，反而还拼命纠缠他，单方面期望陪着他一同解决问题，只会让他徒增烦恼。

男女的情感需求截然不同。大部分女性在情绪低落时，需要的只是一个树洞，可供她诉说、宣泄，获得情感上的支持、理解、陪伴和照拂。如果男人抗拒当妻子的树洞，还喜欢讲些冠冕堂皇的大道理，甚至据此纠正对方，只会火上浇油。

因此，双方在婚前务必要沟通好，当发生冲突或是个人负面情绪爆发时，我们要如何化解个人情绪，以及对方应当如何予以安抚。在协商的过程中，男人要说清楚自己关于独处的需求，女人也要讲明白自己需要有人倾听的情感诉求。如果对方无法满足自己的需求，有什么方式可以替代呢？比如女性可以选择和闺密去散步、吃饭、游玩等，代替向丈夫倾诉，从闺密处寻求安慰。

有些女性已经习惯找男人诉说，直到说到那个男人缴械投降为止，甚至即使对方连连认错还是不放过他，甚至刨根问底，问他到底错在哪里。其实，一次认错并不代表这件事就可以翻篇，之后吵架时女性还可能翻旧账，再次确认对方悔改的心意，可是长此以往只会把男人越推越远，让他开始对妻子心生畏惧。

的确，在处理情绪的方式上，似乎是女性让广大男性为难的时刻比较多。因为当男性有情绪、需要独处时，女性通常不会放过你，而硬要继续关照你、黏着你、安慰你。而当女性有情绪时，却希望男性可以留在她身边，安抚她的情绪，让她黏住你、依赖你，你甩都甩不掉。因此，对男性而言，情绪处理更是一门不容易修炼好的功课。

我们都是成年人，需要为自己的负面情绪负责，一味地把负面情绪发泄在对方身上，要对方来缓解你的不安全感，减轻你的焦虑，这是不公平的，对婚姻关系也是百害而无一利的。

生活作息是否一致？

在结婚前也很有必要和对方沟通好生活作息的时间。如果你们一个晚上十点钟就要准时上床睡觉，另一个则凌晨三点半才勉强睡下，而且在作息时间上，还不能互相妥协，久而久之婚姻也会因此出现罅隙。

我有一对夫妻朋友，他们曾因生活作息不同闹得相当不开心，后来因为买的房子面积够大，就干脆选择分房睡，这个问题才告一段落。如果你们的经济条件不宽裕，只有一个卧室，导致你们必须同床而眠，那么在作息时间差异极大的情况下，就要学着互相接纳，并且有技巧地去沟通和解决这个问题。

记得有位女明星接受采访时曾说，她前夫都是白天睡觉、晚上工作，这样就完全没办法抽出时间陪伴孩子。她常常出言嘲讽、攻击她的前夫："人家很多大明星都要工作，怎么就你有这个毛病呢？"这样的沟通方式可能不是特别温柔和带着尊重的，后来她回忆至此都觉得十分可惜，她承认如果自己那个时候能更懂得沟通的技巧就好了。

其实，好的沟通只有一个技巧——不带情绪、不带期望。这样就能最好、最有效地沟通。如果你正处于一肚子气无处发泄的状态，此时你就根本没办法做到好好沟通，即使你之前花了重金上过学习沟通的课程，只要你是带着情绪的，就没办法顺利使用任何沟通技巧。

如果你是带着期望的，即使表面上保持温柔的姿态，看似以不带任何情绪的状态在沟通，也会让对方感觉绵里藏刀，有一定的杀伤力。你只想要对方听你的，并怀有一定的期望要他去完成某件事，当对方也感觉到了这种沟通背后的期待，他会感觉不舒服，更不会心甘情愿地配合你。

因此，想**有效地沟通真的非常简单，就是既不带负面情绪说话，亦不责备和抱怨对方，这样的沟通才是真正的良性沟通。至于你内心的不满、委屈，你一定要自己找方法去化解，学会抚慰自己，切勿把负面情绪带入两个人的对话之中。**

举个很常见的例子，假如你生病卧床休息，老公则窝在沙发上低头玩手机，你心里很想要他来陪你，期待了很久，等待了很久，酝酿了很久，最后说出来的话却是："你为什么那么喜欢打游戏？放下手机会死吗？"听你这么一通抱怨，你老公肯定会不高兴，你也没如愿以偿。

如果在沟通之前，你就想清楚自己的目的就是要老公过来陪你说话，那你可以带一点撒娇的语气说："老公，等你手机玩得差不多了，可不可以来陪我一下啊？我一个人生病躺在床上好可怜啊……"绝大多数男人在听到这样的诉求后都会欣然答应的。

在感情里，懂得示弱的女人是有福气的，这是"我需要你"的另一种表达方式。年轻的时候，我是不服管的性格，不懂得在感情里适当示弱，因此吃了很多亏。因此，如果你是一个性格很刚硬的女人，要试着学习示弱、撒娇，由此你的亲密关系也会得到蜕变升华。

你们婚后住在哪儿？是否需要和父母同住？

通常年轻人结婚都会先购置好婚房，避免与父母同住。然而，结婚一段时间，孕育了孩子后，可能就需要和父母同处一个屋檐下，让父母帮忙照顾孩子。

这个时候，谁的父母来帮忙？你们和老人的生活观念能否兼容？之后，孩子的教养方式、吃穿住行、就读学校等一系列问题就铺天盖地而来。因此，最好彼此能在婚前就达成共识，并且约定好解决问题的方式。

现在市面上的一些所谓教育机构宣扬着各种各样的教养方式，你们是决定采取完全放任式的教养方式，还是父母与孩子之间有边界感的适度教养的教养方式呢？是听从老人的传统方法，还是依照自己现学的方式来教养孩子呢？生活上，严格把控孩子的三餐和睡眠时间，还是完全视孩子自己的需求决定呢？

男人通常对这些问题毫无概念，他们说得最多的话就是——随便，我都可以。因此，作为女性，要明确自己的想法，在讨论时直接提出自己的需求，询问他是否同意即可。面对这种情况，你要学会先给对方种下种子，让他对未来可能出现的状况做好心理准备。这样彼此才不会因为孩子的教养方式问题发生争执，产生矛盾。

也许有的人还很年轻，对于我提出的这些琐碎小事并没有太多感触，但婚姻真的是一件细节决定成败的事情。婚姻生活里那些看起来毫不起眼的细节，很可能成为压垮婚姻的最后一根稻草，所以婚姻中万事都要谨慎小心。

节日和假期要怎么过，去谁家过？

这是一个会导致婚后双方出现严重分歧和矛盾的议题，一定要提前约定好。如果双方的观点不一致，又互不相让，那就要想清楚自己要不要妥协。在这里我想要提醒的是，除非你的妥协是心甘情愿的，否则之后还会出现问题。当事情已成定局，再彼此争吵、互不相让，只会耗费心力、伤害夫妻感情。

双方的金钱观

好的婚姻一定要学会谈钱。在婚前，你们需要探讨一下双方对家庭的开支、对个人开销以及对金钱的态度，以及婚后在金钱上对原生家庭支持的态度和程度。

很多夫妻因为一方对原生家庭的过度付出和照顾，而产生了严重的

争吵和矛盾，甚至闹到离婚。比如，你老公的兄弟要来借钱，借不借？借多少？要不要跟你商量？你老婆的弟弟要买房，需要她出钱，出不出？出多少？要不要跟你商量？两个人对花钱的态度是不是一致的，会不会一个过于节俭，一个大手大脚？两个人会不会都花钱如流水，变成月光，没有积蓄，以致没钱生孩子？家庭积蓄怎么积累，家庭用度如何计划？这些问题里面包含着一个庞大的信息库，都是需要双方在婚前说好的。

以前，我和当时的未婚夫谈到钱的分配问题时，他表现得非常霸道。我只是希望每个月拿一点钱回家孝敬父母，他却并不同意，理由是——我们结婚了，现在这里是我们的家，这是我们的钱，你已经没有你的家了。

当时，我们因为这个问题吵得很凶，但是已然到了结婚前夕，我内心感觉非常无力。倘若因为这件事取消婚礼，看起来是很不明智的决定，所以那时的我选择了隐忍。时过境迁，我非常后悔当时的自己没有足够的智慧去为自己划定界限，亦没有挺身而出为自己争取权益。我当时完全可以这样质问他："既然这是我们两个人的钱，为什么你要一个人来决定怎么花？"

可是，那时的我好像潜意识里受到了封建文化的影响，有着男尊女卑的想法，好像在婚姻里就应该老公说了算，而且他赚钱确实比我多，以致我当时没能据理力争。后来，我们因为金钱观念不同，还发生过很多纷争。每一次争吵，都在一点一滴地消磨我对他的感情。如果你不想像曾经的我一样，后悔结婚或者在婚姻中过得压抑委屈，金钱的部分一定要提前谈清楚、谈明白。

此外，嫁给凤凰男的千金女经历婚姻悲剧的例子也很多，双方贫富悬殊，富有的一方心胸开阔、在金钱上太过扶持对方和他的原生家庭的结果，很可能是对方的不知感恩甚至是过度贪婪。在亲密关系、闺密关系、亲子关系中，我自己就曾是一个过度大方的人，一直都试图用金钱换真心，但是结果从未达到我的预期。只要你心中有期待，希望对方因为你的大度而做出相应的回应，结局都不会如你所愿。

当我年事渐高、累积了一定的智慧后，我才慢慢改变了自己的这种行为模式。我学会了拿捏分寸，学会了设立边界，也学会了放下期待，即使这样做会让对方失望、不高兴，我也在所不惜，因为只有这样，我与周围人的关系才会有明显的改善。

家务的分配方式

在结婚前，你一定要就家务的分配、房间整洁和卫生的标准与伴侣进行沟通。在这些问题上存在分歧，也会造成婚后矛盾不断。

我的第一段婚姻的失败也与此有关。那时我初入职场，工作异常繁忙，又不擅长做家事，我的第一任老公非常大男子主义，他竟然振振有词地说："这些家务应该是你要做的，如果你不做，请其他人来做，那么请保姆的钱就要由你来支付。而且，我本来的计划是，你不用上班，我来养你，可是你不肯听我的话，那么这份钱理所当然就应由你来支付。"

之后，但凡涉及家用的开销，我都尽量用自己的钱支付，以免看他的脸色。最终，我的薪水差不多用尽了，等到离婚时，我几乎是净身出户。当时二十多岁的我很有勇气，在与那么富有的男人离婚时，

竟然没有拿他分毫，自己就毅然决然地远赴美国，开始拮据的留学生活。

我的第二任丈夫在家务上也不肯让步，一直不愿意请住家保姆来替我分担家务，甚至在我生了孩子以后依旧不同意。那时，我儿子经常半夜醒来喝奶，我睡眠一向不好，那段时间精神濒临崩溃。他实在看不过去，才勉强同意晚上帮忙照顾儿子，可是白天他也要工作，短短几天后他也几近崩溃，最后我们才下定决心，请了一位专业的住家育儿保姆。至此，家务方面的矛盾才得以顺利解决。

每个家庭的情况不一样，并非所有家庭都有这样的经济条件。作为过来人，我的经验是结婚前这些事情都要先想好、沟通好、约定好，否则好不容易组建的家庭会因为家务方面的琐碎矛盾而风雨飘摇。

此外，还需考虑一下你们对于房间整洁和卫生的标准是否存在差异。如果你的标准很高，请勿要求对方完全配合你。在和你结婚之前，他已经过了几十年自由自在的日子，为什么在和你结婚之后，就要改变自己之前的生活方式呢？这是不合理的。

对于这方面的冲突，如果有条件就用技术性的方式来解决，比如请保洁员上门服务，抑或，保持各自的私人空间相对独立，互不干涉。倘若不具备这样的条件，就要事先约定好双方的底线在哪里，出于爱意和尊重，双方能够相互体谅包容到什么程度。

对性的态度

性对婚姻而言是情感的纽带，亦是不可或缺的润滑剂。婚前，有必要相互了解一下你们对性的兴趣度。婚前对性没有兴趣的人,婚后只会更没有兴趣。如果婚前你发现对方的性需求比较强烈,可你自己处于很平淡的状态,你们就要协商出方法,让对方的需求有个出口。当然很多夫妻的性关系不和谐,也是因为背后存在一些认知错误,可能还有需要疗愈的部分。

对信仰的态度

倘若夫妻双方的信仰不同,也是没有问题的,只要保持各自独立,不要干涉彼此就好,既不要互相批判、用言语攻击对方,也不要试图说服对方改变自己的信仰。

当然,双方的信仰一致是最好的。因为在漫长的婚姻里,在磨人的、沉闷的时光里,有一些共同的兴趣爱好和一致的信仰,可以激发人的一些兴奋点,感觉到你们是一致的、高度和谐的,这样的感受在婚姻生活中挺加分的。

对离婚的态度

在婚前要讨论的最后一件事,就是:万一要离婚,婚前彩礼、婚后家庭共有财产,孩子的抚养权等要如何处理。这些在结婚前就要约定好。

有的人可能会说，还没结婚就讨论离婚，是不是不太吉利？不，这恰恰很吉利。未雨绸缪是为了让婚姻更加稳固，向着更好的方向发展。如果你们的感情很稳固，这一条建议你用不到，那自然是好事。如果你们真的不幸走到了离婚这一步，而婚前都已约定好相关事宜，就不会纠缠不休，伤害彼此的感情，双方都能省时省心一些。

　　在国外，人们结婚前都会签订婚前协议，这是对双方都有利的保障。婚前协议让两个人不论是在经营婚姻的过程中还是面临离婚的时候，都不会产生过多争吵，能够大大省去双方的精力、时间和能量。

　　以上十大事项就是我想跟大家分享的，婚前必须协商的全部内容。

　　婚姻是需要谨慎小心地经营的，踏入一段婚姻关系之前，两个人都要做出很多反思、觉察甚至自我检讨。只有这样，才能在婚后避免陷入很多常见的误区。

　　婚姻是最好的修行道场，也是最能让人原形毕露的领域。在和对方探讨这些婚前需要协商的事宜时，你可以明确自己的需求是什么，看看对方能否满足你的需求。倘若不能，就要想清楚你是否可以做出让步，了解对方是否能够配合退让。这也是一个双方认识彼此、看清彼此的过程。

　　当我们的个人内在成长了，就能更具智慧地去看待这些无解的问题，并能避免很多痛苦和纷争。看清婚姻的真相，绝非为了增加我们内在的恐惧，而是为了更好地提升你对婚姻的把控力，进而增加你拥有幸福婚姻的概率。

第五章

亲密关系的阶段：
借由亲密之轮了解关系之道

活出你想要的　　亲密关系

所有的亲密关系都有一个叫"亲密之轮"的发展周期，可以细分为五大阶段：浪漫期、斗争期、整合期、承诺期和创造期。

当我们真正看清了亲密关系里的这五个阶段，并且能够学会如何去看待和应对其中的问题，那么亲密关系里的很多问题都会迎刃而解。

1 亲密关系的五个阶段

浪漫期

亲密关系都是从浪漫期开始的。刚坠入爱河时，激素的分泌最为旺盛。在这个时期，人们仿佛是透过粉红色的滤镜去看待对方和这个世界的，周遭的一切都萦绕着淡淡的粉红色。

你会痴迷于被一个人爱着的感受。当生命中突然多了一个人支持你、鼓励你、爱你，你的心情定然十分愉悦。这个阶段也被称为"黄金投射期"，那是因为你会把自己所有美好的想象都投射在对方身上。浪漫期能维持三个月到三年不等，这个时间长度取决于两个人在一起的频率、相处时间以及各自的性格等。

如果在浪漫期过于投入，你会经历一个相当耗费能量和气力的过程。如果你每天随时随地都想着对方，盼着见到对方，要跟对方产生联结，否则就会感到空虚痛苦，那么这段关系很快就会因为没有后继动力，开始出现诸多问题。

想要彼此爱得长久，收获圆满的结果，就要懂得收敛心力，不能一门心思往前冲，太任性或太贪婪都对彼此无益。学会适可而止，是我劝解在热恋中的男女的"六字真言"。

亲密关系中，真正需要重点发力的是后面的四个阶段。因为随着关系的深入，浪漫的情愫会逐渐褪去，两个人会因为价值观不同、个性差异还有现实层面的种种问题上的碰撞，逐步袒露出本性。甚至随着两人进一步了解对方，以及两人相处时间的增加，会开始对对方的某些缺点心生厌恶。

斗争期

当出现彼此厌恶的感觉时，你们的亲密关系就进入了斗争期，也叫作磨合期。这个时期的特点是——双方很容易产生冲突，三观不合的地方逐渐显现，彼此意见不合、互相看不顺眼的情况屡屡出现。此时，如果想继续这段关系，就需要好好开始磨合。

亲密关系中的斗争期可能会出现以下三种情况：
①相互攻击与防卫

在亲密关系的斗争期，攻击性比较强的那一方会出于不满而率先发起攻击，另一方则顺势开启防卫模式。一开始，另一方或许会耐着性子来安慰发起攻击的一方，或者为了彼此的和谐而稍做改变，可是，久而久之，当一方对另一方容忍到了极限，吵架、冷战就不可避免。

我常常说，在亲密关系里，期待一个人改变自己是件很难的事情。我们要理解人性、尊重人性、接纳人性。对方已然按照自己的为人处世方式和习惯生活了几十年，你非要他委屈自己成为你想要的样子，这简直是痴心妄想。即使对方愿意暂时迁就你，但本性难移，他定然无法长期伪装。

因此，**若想平稳度过亲密关系中的斗争期，我们一开始就要认清对方的为人处世方式，并充分理解和尊重他。**我见过太多人在亲密关系中并没有做到真正尊重对方，因为任何人之间的关系一旦变得亲密，就会忽视对方被尊重的需求。

那么，为什么我们做不到尊重对方呢？可能是个人修养的问题。很多人可能生长在一个产生矛盾会互相嘶吼、一言不合就开始争吵、粗鲁无礼地对待家人的家庭里，之后上学、进入社会工作后，可能逐渐意识到了自己平时的态度会招惹麻烦，所以会刻意收敛一下心性。

然而，进入亲密关系之后，一旦双方都进入了舒适区、习惯了彼此的存在，个人根深蒂固的"德行"就会占据上风。倘若你从小就没有被父母尊重过，你的内心会感觉非常自卑，受父母影响，你也很难在自己的亲密关系中做到对伴侣尊重有加。

有些原生家庭的沟通模式就是从来不好好说话，总是带着负面情绪去抱怨、责怪、咒骂、攻击对方，在这样的家庭中长大的孩子，真的需要很强的觉察力，从心底愿意做出改变，才能扭转之前的沟通方式。

无法做到尊重对方的第二个原因可能是：你太过执着于自己的需求，太过"较真"。你的内在可能有些很强烈的需求，强烈到你不愿意去管理它、压制它，导致它迫切地需要被满足。

比如，在原生家庭中，你没有得到很好的重视和关爱，而你又迫切地需要在恋爱中找到那种被爱的感觉，你就会把这些需求全部强加在对方身上，希望他为你提供你想要的一切、弥补你儿时的缺憾。如果对方做不到，或是一开始配合你做到了，后来放松了、懈怠了，你就会产生很多怨气，自然无法做到尊重对方。长期太过执着于自己的需求，会使你们在恋爱磨合期发生一些比较惨烈的冲突。

②关系中的一方开始逃避

当关系中的攻击与防卫进行到某种程度时，其中一方可能就要开始逃避了。这时，你会发现两个人的关系不像以前那么甜蜜了，他有点刻意逃避，因为他害怕你随时都可能爆发的负面的、有攻击性的情绪。

如果他不想继续这段关系，就会逐渐变得冷漠，并刻意疏远你。如果他仍想继续这段关系，他会开始换上假面，违背自己的本性，变成一个表里不一的人。你要注意的是——如果对方开始越来越常表现出逃避的态度或行为，就表示在这段关系中你是步步紧逼的那一方，而他迫于你的威慑，已经开始退缩和逃避了。这种情况在"中国式"的亲密关系里十分常见，一般都是"女人追，男人逃"的模式。

那么，为什么会有人喜欢对自己的伴侣步步紧逼呢？这种行为的本质是为了满足自己的欲求，只要他没有时时附和你、没有用欣赏的眼光仰视你、没能多花时间陪伴你、没能最大程度地表达出对你的激情和痴恋、没有按照你预想的让你心动的方式对待你，你就会有"需求没被满足"的怨气，会想要疯狂地从外界抓取，内心也变得十分执着于这份不满。这时，你就会变得咄咄逼人，开始对他发起猛烈的攻击了。

然而，这样的做法通常只会把你的爱人踢得更远。作为成年人的我们，其实不需要用这么幼稚的方式去讨爱，试图证明对方是爱你的。因为你身上的那些骄纵、任性、以自我为中心的部分，任何人都很难长久地去接纳和包容。

如果你的态度很决绝，倘若这个伴侣不能包容你的性格，不能满足你的需求，你就另觅他人，那么接下来你就会无比困扰地发现：每个人在浪漫期都能达到你的要求，但是一旦这个阶段过去了，他就完全变了。其实，这就是人性，也是人之常情。

③双方通过真诚的表达产生联结

这种情况是比较好的，也是最理想的度过磨合期的状态。彼此经过磨合、成长之后，能够自我负责并且敞开心扉和对方产生联结。

其实，我们在磨合期的每一次冲突中擦出来的火花，都能够成为我们感情升温的助力，而不是成为让我们彼此怨怼的理由。在冲突爆发时，说出自己的真实感受，比如我真的想一走了之、想大吼大叫，甚至想痛打你一顿（说出来就可以了，不用真的去做），对彼此增进感情大有裨益。

这么做是为了让你把注意力放在自己当下的感受和想做的事情上，以此来发泄和释放自己心中积聚的怒气。与此同时，要让对方知道你不是针对他个人，只是真的很想发脾气排解一下。也要让他知道此刻你觉得自己不被爱，与他无关，这是你个人的问题。现在发生的这一切，其根源是你触碰到了童年的创伤，所以你需要有个途径来释放和发泄，要恳请他的理解。

磨合的目的是和对方产生有效的联结，不要去攻击他或责怪他，也不要逃避或者退缩，要纯粹地告诉他你的真实感受，这样他才能有机会看见你内在的创伤，你们的关系才不会陷入互相指责的恶性循环里。

他一定能深切地理解你的苦衷。一个人只有在不被责怪的情况下，才会愿意去理解别人、检讨自己。否则，在你狂风暴雨般的指责中，他的能量和注意力就会全部用于自我防卫，甚至反击上。

因此，先去面对、承认、释放自己的情绪，再和伴侣深度沟通，以这样的方式处理磨合期的矛盾，就可以让亲密关系进入良性循环中，你们也不会再不断争吵，至少不会变成一对怨偶，甚至还可能相互支持、相互成就，从而相互疗愈、相互成长。

亲密关系磨合期中的典型行为表现

在亲密关系的磨合期中，还会有一些典型的行为表现，希望你们能够见招拆招。当然前提是能清晰地认识到这是磨合期中的常态，是彼此获得自我成长的绝佳机会。

首先，是偏差行为——双方可能都会做出一些特别出格的事情。

也许，只是因为一点小事或些许不满，一方就开始又"作"又闹、情绪变得不可控制。出现这种偏差行为就表示，他在这份关系里有很强的安全感，认为可以毫无顾忌地把自己的真情实感表露出来。

我认识一对离异的夫妻，两人年龄相差二十多岁。女方有情绪易失控的问题，性格霸道、蛮横，情绪爆发时会歇斯底里、不受控制。可是，在他们交往的两年里，这位女士从未发过脾气，而且连吃饭时都要趁机坐到男方大腿上撒娇。结婚以后，男人的噩梦就来了。吵架时，女人嘶吼的声音大概整条街都清晰可闻，蛮横无理的程度着实惊人，连男人罹患癌症的儿子都不能来他们拥有二十多间房的民宿暂住，即使病再重也没办法让父亲照顾一二。

当两个人的关系稳定了，尤其是领了结婚证后，有些心理不太健康的人会误以为，自己多年来压抑的情绪总算找到一个亲密的人来合理发泄了，还有些人则会故意跟对方唱反调，想以此占据优势，把控主动权。因为我们都希望在亲密关系里面能够控制对方，希望对方按照自己期待的方式来回应自己，事与愿违时，一定会心生不满和怨气。

一旦在亲密关系中感觉到前所未有的安全感时，很多人就会自行退化成孩童的模式，肆意任性。孩童的模式有可爱的一面，但是任性、骄纵、欲求不满的"成人孩子"，一旦在关系里发起疯来，就一点都不可爱了。

如果你发现自己在亲密关系里表现出了这种倾向，一定要及时做出改变，让自己获得内在的成长。如果对方对你表现出这种倾向，你也要明白原因，看清楚问题的本质，而不是和他一起掉到情绪陷阱里面。因为那是他的事情，你并不需要背负责任。

有一个朋友跟我抱怨，她老公常年在外地工作，每次打视频电话回家时，两个人都会闹得不欢而散。老公总是用责怪、挑剔的方式和孩子说话，偏偏孩子又处于比较敏感脆弱的年龄阶段，当接到爸爸的电话时，他们常常眉头紧皱，被爸爸的话语戳伤时甚至默默流泪。

在这个朋友眼里，她老公一直是一个不折不扣的好男人，非常有责任心，也很爱家、顾家，她不明白老公为什么会这么对待孩子。我语重心长地开解她："你老公是用这种方式在表达他的关心和爱意，但是可能因为从小没有人教他如何正确、正向地表达关怀，所以他只会用这种方式和远方的家人产生联结。其实，你老公心里也很懊恼、气馁，为什么自己那么爱家人，行动上付出那么多，但还是把关系处理得这么糟糕？为什么明明每次都在表达自己对远方家人的关怀，却总是吃力不讨好？作为女人，你可以去引导他用正向的方式询问孩子的学习状况，用亲切的问候来关心家人的状况，而不是用责问的语气来和家人产生联结。"

比如，你已经和老公沟通过了正确表达关心和爱意的方式了，但他有可能还是会用负面的方式和孩子说话，这时，你可以试着帮他打圆场，跟老公眨眨眼睛说："啊，老公，你是特别关心孩子的学业，对吧？不要担心，他们写完作业了，而且还写了一张卡片给爸爸，希望爸爸赶快回家跟我们团聚。"像这样，一个家庭里需要有人出来正向地引导家庭的氛围，才不会让家庭成员间的关系陷入恶性循环。

第二，磨合期中可能会出现一些报复性的、想刻意去伤害对方的行为。

在亲密关系中，我们之所以会萌生"报复"的念头，是因为我们消化不了自己被伤害时产生的悲伤、痛苦、愤怒的情绪，所以才会想方设法伤害对方，让他也有同样的感受。其实，报复的行为就是借由伤害对方来伤害自己，对自己毫无裨益。此时，你一定要告诫自己及时停止这种行为，并扪心自问这么做对他是否公平。

如果对方用这种行为来伤害你，你也一定要明白，你不需要为此负责，也可以提醒他要为自己负责。你可以等他的坏情绪平复后再和他谈谈，去理解他为何会有这样的感受并做出报复的行为，然后你们可以探讨一下，如果下次再出现同样的情况，应该如何表达和沟通。

你要让对方知道，你愿意倾听他的感受，同时也会为自己的行为负责，希望他不要用报复的方式表达自己的负面情绪。

第三，磨合期中可能出现的自我放弃行为。

这种情况往往出现在双方不停地争吵、吵到身心俱疲的时候。通常，有一方会先开始自我放弃。比如你瞧不起另一半的工作，整天在家对他指手画脚，于是他干脆就放纵自己玩游戏，久而久之，他整个人也变得无比颓废和倦怠。性格强势的配偶或者父母，就会很容易"造

就"这样的人：你老盯着我，我太烦了；你什么事情都帮我做完了、决定完了，我对自己的人生甚至没有参与感了，不如干脆选择躺平。

我有个朋友曾经在亲密关系里，始终都会预先察觉到她老公的需求，并立即满足他。然而，纵使拥有众人认为的完美人妻，朋友的老公还是有了外遇。她向我哭诉了事情的原委，听完后我直截了当地告诉她："你不要以为你这样事事体察他的需求是在对他好，他可能觉得自己被控制得失去自由了，也许他小时候他的父母就是这样对待他的，他一直对此深恶痛绝，却敢怒不敢言。"

==在亲密关系里，"控制"可以分为两种：一种是"明摆着的"，一种是"伪装的"。前者是我用严刑峻法来控制你，给你列出各种规定，一旦你违反了就要承受我的"作"和闹；后者是我对你好、处处观察细致、体贴入微，帮你满足所有的愿望和欲望，然后以此来控制你。== 无论如何，男人都不喜欢被控制，以上这两种控制方式都会让他不舒服、想要逃跑，甚至想找个不会控制他的人取代前任的位置。

所谓丧偶式婚姻，除了有些男人从头到尾就不打算负责的情况外，还有一种情况是婚前他还能负点责任，婚后就干脆当起甩手掌柜了。其中的原因有可能就是你管得太多、控制得太多，对方在亲密关系里感觉十分压抑，于是选择了自我放弃。

心理学中有一种现象叫夫妻间的竞争，也叫作"龙虾理论"。当这种现象出现时，你们的关系仿佛一直都停留在磨合期。所谓"龙虾理论"，是指一群龙虾被放在桶子里，只要有一只龙虾将要爬出这个桶子，正要往外翻的时候，就会有另一只龙虾把它拉回去，因为它不希望同伴逃出这个桶子，而是希望大家死在一块。这个理论放在夫妻关系里，就是有些人看不惯伴侣比自己好，看不惯伴侣得意，希望对方跟自己始终处于同一个水平线上，一旦对方优于自己，就想把他拖拽下来。这也是一个比较有趣的现象，通常我们会认为夫妻是利益共同体，一个人变得更好，另一个人也会随之受益，但是实际情况不一定如此。

我和第二任丈夫之间就曾存在这样一种竞争暗流。离婚之后，我才恍然大悟，原来他骨子里非常想和我一争高低，但是从头到尾我也没能用爱去感化他，让他知道我外表的强势并不是针对他的，同时骨子里一直非常尊重他、爱他。因此，我第二段婚姻失败的一个很大的原因就是我没能好好地处理夫妻之间的竞争问题。

在后来的关系里，我十分注意这一问题，会小心翼翼地维护伴侣的自尊，但是似乎都收效甚微，因为在常人看来我一直是个优秀、厉害的角色，大多数男人本来能力就不如我，如果对他太好、太过谦让，反而会让他认不清自己是谁。

在我步入当下的生活状态后，我觉得独自生活也可以过得很好，如果有和我灵魂契合的人加入我的生活，我会用平等尊重的方式对待他，如果他自己心里有坎过不去，我也不会特意去维护他的感受，而是请他为自己负责，这样一来两个人相处的过程反而会变得轻松得多。

因此，只有坚持让自己获得内在的成长、让自己拥有独立地快乐生存的能力，我们才可以真正开启一段稳固、健康的亲密关系。

整合期,也叫作冷静反省期

这个时期是两个人开始各自反省的阶段。在这个阶段我想提醒大家——你对待伴侣的方式就是你对待自己的方式:你对自己很严苛,对待伴侣就会很严苛;你对自己很温柔,对伴侣就会很温柔。同理,你和世界的关系亦是如此。

亲密关系中的整合期的重点是自我负责。我们会开始反思:为什么我会有这样的期望?是不是因为我把自己做不到的事情或是得不到的东西都强加到对方身上,希望他能帮我完成呢?我们得问问自己——要求别人的那些事,自己能不能先做到?自己未能解决的问题,对方是否有解决的能力?我自己是否能够独自去解决问题,而不是仰仗其他人来帮忙完成?

也许,当你能够对自己负责时,就不会总是要求他人了,你们的关系也会变得更加融洽。如果你自己都做不到,又凭什么要求别人替你完成这个任务呢?

在整合期,你要看看自己是否过度地依赖对方,过度的依赖一定会造成过度的需索,而越是得不到回应就越会用过度付出和牺牲的方式去换取。久而久之,任何人都会因此变得心态不平衡,各种问题也会接踵而来。

此外,我们也要看看在亲密关系中自己到底在对方身上投射了什么内在的需求。因为每一段亲密关系都是一面镜子,能够让你看到自己内在最深层次的需求。比如,你是不是在对方身上投射了你对父母的期待？有没有盼望通过自己的努力付出，他会变得跟你的父母不一样，从而满足你童年时所缺失的东西？

一旦出现这样的期望，你一定会大失所望。此时，你的当务之急是去看到自己情感缺失的部分，疗愈自己童年的创伤，而不是和你的爱人一而再、再而三地纠缠、冲突，让彼此受尽折磨。

在整合期，还会有一种自我毁灭式的偏差行为出现：有些人当需求一直得不到满足直至失望至极时，潜意识里会用生病的方式来自毁，或者用事业失败，甚至遭逢意外的方式来达到自我毁灭的意图。很多人自我毁灭的驱动力，竟然是报复自己的父母。这一点需要深入探究个人的内在动机，才能最终弄明白。

每一件发生在我们身上的事情，我们都要试着从正向成长的角度去看待它，才能在受苦之余，学习到成长的功课，提升自己的人生层次。

承诺期和创造期

最后，我们来到了亲密之轮的第四和第五个阶段，此时你们的关系已趋于稳定，这两个阶段是承诺期和创造期。到达承诺期后，很多人会觉得他们和伴侣最终成了家人、室友，而失去了爱情。那么，这种婚姻趋于稳定之后的爱究竟是什么呢？

我的好友樊登老师推荐过一本叫作《幸福关系的7段旅程》的书，作者对如何创造幸福的婚姻有一些很有价值的建议。承诺期的爱的模样恰如这本书的英文名 *I love You But I'm Not In Love With You* 所表达

的，"我爱你，但是我已经不在爱中了"。这不免让我联想到一首歌的歌词："对你不知道是已经习惯还是爱，当初所坚持的心情是不是还依然存在，眼看这一季就要过去，我的春天还没有来。"其实，很多爱情走到一定阶段后，双方都会产生一种疑虑：我对他是习惯还是爱？和他牵手就像自己的左手拉右手的感觉。

在双方都妥协、给予彼此承诺，关系稳定下来后，亲密关系就会变得很无趣，如同槁木死灰。那么，我们如何才能突破障碍，从承诺期过渡到创造期呢？其实，爱情和婚姻当中都需要有亲情和友情的出现，双方才能共同创造美好的人生下半场。《幸福关系的7段旅程》这本书中也有提到：幸福关系的三个阶段应该是从迷恋走向依恋，最终到达关爱的阶段，这是最理想且长久的关系。

在步入承诺期之后，双方也要开始脚踏实地地面对生活，很多复杂的事务性的议题会提上日程，两人之间的浪漫瞬间会逐渐减少，而为日常的琐碎事务烦恼的时刻会日渐增多。此时，两个人不能只凭爱情度日，必须开始培养亲情和友情，让双方从迷恋走到依恋并且逐渐进入关爱的阶段。对老夫老妻来说，维持婚姻的重要因素就是责任、承诺，还有惯性。这个时期浪漫和激情都会渐渐褪去，直至消磨殆尽。

此时，夫妻之间仍保持肌肤之亲十分重要，当然不一定是性行为，就像我们经常说的"执子之手，与子偕老"，老夫老妻也可以时不时牵手，或者经过对方身边时，以轻柔的碰触表达问候。用各种方式增加双方的互动，关心彼此的健康和快乐，已实属难能可贵。

当双方的感情历经激情岁月变得平淡后，走入新阶段的人都能够放下不切实际的期望。你们已完全知晓对方的为人，那些在关系里过

多的情感需索、对亲密的贪婪贪欲以及各种不切实际的幻想也都已经被整合好了。

此时,你和眼前的老伴、孩子的爸或者你的密友,才能够真正地发展出不需索、不要求,只是互相关爱的关系,两个人才能够真正创造出平稳的、充满温馨的人生下半场的生活,这就是亲密关系中的创造期,也祝福大家都能够顺利来到这一阶段。

亲密之轮的五个阶段,就如同我们在玩游戏时必须冲破的五个关卡。每一关都会有不同的挑战,但是不必太担心,当我们看清了规则并且找到了能协助你顺利冲破关卡的助力时,你就会发现这个游戏后面有丰厚的宝藏在等着你去发掘。

2 平稳度过亲密之轮五个周期的五大助力

如何平稳地度过亲密之轮的五个周期，拥有圆满的人生体验呢？有五大助力可供参考。

三观相合，双方拥有共同的兴趣爱好

倘若你们的价值观、兴趣爱好都一致，自然十分好，比如你们都很喜欢看书或看电影，便可以有很多共同话题。如果都喜欢旅游、爬山、健身，便可以相约同行，为平淡的婚姻生活增添很多乐趣。

让感情升温有一个小技巧，那便是创造你们共同的暗语或暗号。在《西游·降魔篇》中，孙悟空在大肆吹嘘自己杀人不眨眼的功夫时，唐僧没有理解到他想炫耀的点，反问道："你眼睛那么久不眨，不累吗？"很明显，唐僧和孙悟空的沟通不在同一个频道上，无法互相理解。

那么，你就可以和爱人约定，说"孙悟空"这三个字就代表对方此刻没有理解你的意思。当他收到这个暗语时，就会立刻懂得，自己

需要停下来再度尝试去了解你真正想表达的意思。

大家也可以根据自己的情况去设置你们之间的暗语,就像有人会用樱桃代表亲亲等等。在日常生活中,使用只有你们两个人懂得的暗语、暗号来交流,那种顷刻之间迸发的亲密无间的默契,可以在你们的关系进入斗争期、整合期时成为很好的感情润滑剂。

以孩子之名创造爱的联结时刻

孩子是双方爱情的结晶,所以孩子同样也是亲密关系中不可或缺的润滑剂。孩子是那么可爱、活泼、鲜活而有生命力,能让你整个人立刻进入年轻的状态。当你对孩子呼唤"小宝贝,妈妈的心肝宝贝快过来"时,你自然而然地就能进入与爱联结的状态。

你要让孩子成为婚姻的加分项,而不是产生冲突的根源。孩子能为我们的生活带来许多乐趣,激起我们无限的爱意和怜惜,每次看到他们就会开心无比,会让我们不自觉地分泌出很多让自己快乐的激素。

经常组织家庭聚会,让双方的家人融洽相处

结婚不只是小家庭的事,双方家人的融洽相处也很重要,有助于消除夫妻之间的矛盾冲突。

有时即使夫妻之间有了矛盾,但是碍于父母在场,不想在他们面

前爆发冲突，双方可能会马上调节气氛，再次融入和家长们相处融洽的情境当中。于是，很多矛盾就会顺其自然地化解，或者得到缓冲，避免进一步激化。

关注双方经济实力的平衡

彼此在经济方面能够平衡或是相互依赖，是最好的状态。因为两个人在一起就是要互相支持、鼓励，尤其在财务方面能够凸显这一点的话，也是亲密关系之轮转动起来的很好的润滑剂。

注意，以上的二、三、四项，都像是亲密关系中的双刃剑，各有利弊。有些家庭会因为这几项处理得恰当而变得更加融洽，而没有足够的智慧去处理好这几项的话，反而会造成更大的矛盾冲突。

提升自我，成为对方人生的加分项

在这段关系里，你们是否都因为对方的存在，而变成了一个更好的人呢？一个很有趣的衡量标准是——假如你的生命中此刻没有他，是少了些乐趣，还是少了些烦恼？你的存在让对方觉得自己的人生是加分了，还是被迫减分了？

如果双方都感觉对方在给自己的人生减分，那这段关系恐怕难以为继。因此，我们要努力提升自我，让对方因我们的存在而感觉到更加美好。

其实，你可以将亲密关系想象成银行的账户。双方初次相识之时，就好像你们共同开设了一个账户，确定亲密关系后就要一同存入启动资金。

每一次斗争、争吵、相互折磨和攻击，都是从这个银行账户中提取资金，所以我们要经常思考如何才能让双方的关系和谐融洽，比从前更爱对方，以此保证这个账户始终都有资金流入，这才是亲密关系中最为重要的。

在亲密之轮的五个阶段，我们都要始终保持觉察，并且根据不同阶段的特点让自己获得个人成长，让我们的亲密账户能够继续保持盈余，而不是恶性透支。我也建议你用心去感受一下自己现在的亲密账户是不是足够富足，如果不是，就需要更深刻地自我检讨和反思。

想要拥有一段走得长久的关系，彼此就要不断地精进成长。双方都要注意生活中的点点滴滴，不断地学习，进而带着耐心去经营好这份爱。只有如此，你才能平稳地度过亲密关系中的各个阶段，实现彼此最初的爱的承诺，活出你想要的幸福关系。

PART 2

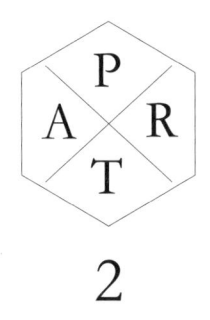

修炼
突破亲密关系的困境

活出你想要的

亲密关系

第六章

财务课题：
在关系中必备的财富认知

活出你想要的　　亲密关系

在亲密关系里，女人拥有一定的财富认知和相关心法至关重要。

我一直秉持的财富思维是：富分为两种，一种是大富，一种是小富。所谓大富是指，你所拥有的财富远超你真正所需的，但凡想要的东西都唾手可得；所谓小富则指，你所必需的东西从不欠缺，只要贪得有度，金钱不至匮乏。

根据我多年的人间体察，所谓"大富在天，小富在人"，虽然说起来有些玄妙，但的的确确是事实。世人无不想"大富"，可是很多人在追求大富的过程中，不仅枉费力气，还失去了很多宝贵的东西，最终徒劳无果，自己还变得不快乐。因为"大富在天"，人为因素真的不是决定性的。纵观世上的那些富豪，恐怕没有人敢否认自己的成功大部分要归功于"机遇"与"运气"，因为和他们同样勤奋、付出了同等努力、自身条件和他们一样优秀的人有千千万，然而成为富豪的人却凤毛麟角。而小富，则是可以通过个人的财务规划和有目标的努力而达到的。

1
厘清认知、合理规划，都可以达到"小富"的状态

以普通大学生为例，毕业以后，就在喜欢的行业和工作岗位上兢兢业业，发挥才干，与此同时做好财务规划，对自己当下的存款数以及将来想达到的储蓄量都能做到心中有数，那么在未来就可以稳妥地达到"小富"的状态。

我认识一位女性朋友，她就是财务规划的优秀案例。年轻时，她在一家公司任秘书，每月所得薪酬虽然有限，但胜在她早有财务规划，对自己的每一笔收支都很清晰。如此积蓄数年后，她将可观的存款全部用于合理的理财投资。可贵的是，她完全没有抱有投机心态，而是理性规划、绝不贪婪，并深谙如何用钱去赚钱。

用钱赚钱，可以说是最省力也最快捷的赚钱方法。其次是用技术赚钱、用才华赚钱，但是都没有用钱赚钱来得快捷又轻松。用劳力挣钱，则是最辛苦、最慢的。因此，趁年轻，我们就要存下自己的第一桶金，等待合适的投资机会来临，一击即中。

实现财务自由、随时可以退休的那年，她居然还不到五十岁。她

已经用之前的理财挣的收益，在喜欢的地段购入了心仪的房子，并怡然自得地开启了"退休"生活。正因为没有经济压力，她得以从事自己喜欢的气功教学工作作为人生的调剂，真真正正过上了舒服自在又有意义的小日子。

因此，趁年轻，我们对金钱一定要有正确的规划和认知，不能糊里糊涂地抱着"我将来就找个有钱的丈夫嫁了"，或者"我将来一定会成为有钱人"的白日梦过日子，那是对金钱也是对自己的不负责任。当你对金钱不负责，它也绝不会对你负责，如此你很难真的变得富有。这个金钱法则需要谨记心中。

我还有一位男性朋友则恰好是财务规划的反面教材。年轻时，他意气风发，曾经挣到令人艳羡的巨额财富。只是他情商堪忧、心高气傲，即使公司的股东们闹出纠纷，他也不去耐心调解，一时冲动就直接解散公司，造成了"多输"的局面。这次创业失败后，他仍野心勃勃，怀揣着暴富的梦想。可是，长久以来，他从不懂得规划个人投资，也没先见之明购入房产，而且随着年纪渐长，他的体力、技术、知识储备都跟不上和他站在同一起跑线上的人了，最终落得一穷二白、孑然一身的结局。

因此，"小富在人"的实际意义在于，它是每个人通过厘清认知、合理规划都可达到的状态。倘若你收入稳定、量入为出，不在非必需品，比如奢侈品上挥霍金钱，那么到了一定的年龄阶段，你势必可以像我前面提及的女性朋友一样，积累到相当可观的财富。

这笔财富可以成为你的私房钱，增加你在婚姻中的底气，而且倘若日后你决定恢复单身，这笔钱也可以成为你的退休养老基金，支持你去做任何想做的事情。我建议所有年轻的女孩，一定要尽早把财务规划这件事情纳入考虑范畴。当然，假使你已经青春不再，当下开始也为时不晚，因为人生永远没有太晚的开始！

  如今已迈入六十岁门槛的我，可以十分明确地告诉大家：在亲密关系中，女人一定要追求经济独立。这里所说的独立，绝非是说女人遇到了不靠谱的男人，在被逼无奈之下才必须变得经济独立。而是在年轻时，女人就要思路清晰：如果决定单身，将来如何安稳度日？倘若嫁给一无所有的丈夫，生活何以为继？若有幸寻得多金恩爱的丈夫，又如何安享人生？不论处于何种境地，女人都要清晰地知晓，无论如何，口袋里有钱是对自己的人生负责。

2 获取财富的驱动力

那我们该如何做才能达到富足的状态呢?

首先,你需要看清楚获取财富背后的驱动力,当你的驱动力调整到位,那么你追求到的财富便是幸福之财、欢喜之财。获取财富的驱动力大致可以分为三种:匮乏、恐惧、生命力。

匮乏

出于匮乏感抓取金钱的人会认为:如果我没有钱,那就代表我不行,我不够好,要穿名牌、开豪车、住别墅,才能彰显自己的身份地位。当你被这样的财富驱动力控制时,就会把钱浪费在很多不必要的地方。

与此同时,在这个过程中还会形成一种恶性循环——因为匮乏而不断地追逐金钱,待把金钱收入囊中后又出于炫耀的目的挥霍一空,与别人攀比一番后,匮乏感又驱使你继续追逐金钱。最终的结局便是:

你会一直被匮乏感驱赶着前行,身心都疲惫不堪。

这种错误的财富驱动力,会为你带来非常差的人生体验感,生活方式也会变得不健康。我儿子在美国有一位富豪同学,自身外形条件非常好,身高一米九,生活十分优渥,满身穿戴名牌、开着名车、住着父母购入的豪宅。然而,他乘坐长途飞机回中国时选择的却是廉价的经济舱,平常吃饭也大多用速食食品打发肚子。无论外在多富有,这类人的内在都是空虚匮乏的,因为他花钱的动力不是对自己好,而是为了活在别人艳羡的目光里。

恐惧

有些人对"没有钱"会产生一种超出正常范围的恐惧感,认为没钱的生活一定会极其悲惨。

我恰好认识一位富婆,她虽然已坐拥上亿身家,却处处惜钱如命,恨不得金钱只进不出。因为她的内在对金钱匮乏怀有深深的恐惧,所以每个月只允许自己有数千元的消费额度。

由于自己过得十分节俭,她身边的人自然也不能随意挥霍。虽然她也会根据需要,给自己的亲人微薄的用度,但是由于个性使然,当她将这些钱给予亲人时,也带着很多需索、期望和要求,最后亲戚们渐渐疏远了她。她和朋友也都是泛泛之交,没有十分亲密的、可以真心相待的密友,所以她的内心一直非常孤独。

当一个人出于恐惧感去追逐金钱,即使他坐拥金山也无济于事,

因为心穷的人是无法真正变得富有的。我见过很多带着恐惧感追逐金钱的人，不管他们是否追求到了自己想要达到的财富量级，最终都无法过得快乐自在，因为纵有千亿身家，他们也无法滋养自己的生命。

生命力

这是一种积极的财富驱动力，因为追求金钱最好的态度就是：我想要更好地体验地球这个游戏场上的各个项目，拥有金钱可以让我获得更好的体验感，所以我会带着喜悦的心情去做我该做的事、挣我该挣的钱。当你以这种驱动力去赚钱时，你和金钱"相处"的过程本身就是愉快的。哪怕最终没有追逐到理想的财富量级，你的内在依旧是快乐和富足的。

很多人认为没有钱会过得很惨，这种信念恐怕会成为在大脑里日日夜夜回响的"咒语"。如果你时时刻刻都对自己念咒：我没有钱、我很穷、我一定要有钱，要不然就会很惨……那么你想过上好日子的愿望，断然难以实现。

如果你发现自己的内在摆脱不掉这样的咒语，并且已经深受其苦，那么不妨趁此机会修正一下：请在你的生活当中，每天至少找出一个即使不是很富有却依旧过得很开心的人，然后用心观察对方是如何生活的。

如果你看懂了，就会发现：原来是他的欲望很少、期待很少，既不需要通过金钱去获得友谊、获取别人的赞赏和认可，也不需要用金钱来让自己有安全感。

3

觉察自己对待金钱和亲密关系的态度

金钱这个东西有个吊诡的定律：你不为它烦恼，它就不会来烦你。我个人认为在某种意义上，如果太过看重金钱，它就会成为一种束缚，让人变得不快乐，亲密关系亦是如此。

你可以对照自己对待金钱和亲密关系的态度，看看二者是否一致，然后从中发现你在两个领域中遇到的问题是怎么产生的。譬如，很多单身女性，她们能干又富有，可是在亲密关系中却屡屡受挫、伤痕累累，苦苦寻觅却找不到合适的伴侣，得不到来自亲密异性的照顾和爱护。

也许，问题恰恰在于她对待金钱的态度和对待亲密关系的态度截然不同。或许她对待金钱的一贯态度是：我自信满满，可以挣到钱，也从不缺钱，而且有钱很好，但即使经济窘迫也毫无关系。以我的学历和一直以来的勤奋，就算老天暂时把我打倒，让我一无所有，即便从头再来，我依然能够赚回自己应有的人生。这种态度是游刃有余、驾轻就熟的。可是，在面对亲密关系时，她可能毫无自信可言，甚至认为自己没有男人不行，没有男人相伴就只能凄凄惨惨地度日。

年轻时，我个人对待金钱的态度是自然而松弛的，然而在亲密关

系里的我是习惯需索又卑微的。我期望男人能够爱我，自己能够为心爱的男人倾尽所有地付出，就像张爱玲所形容的，在亲密关系里的我一度卑微到了尘埃里，一心只想以小女人的姿态获得男人的关爱和忠心。

然而，我发现我越谦卑，自己的亲密关系处理得越不好。因为我自恃能力强，平时会表现出比较强势的感觉（当然还没到霸道的程度），做起事来也是雷厉风行又处处力求安排妥当。正因为如此，身边的很多男人与我长期相处后，都感觉无所适从。他们深知我的能力更胜一筹，当我在他们面前略略表现出卑微的姿态时，他们简直窘迫到手足无措，因此双方自然相处得十分别扭，沟通也变得不太顺畅。

后来，我才恍然大悟，用自己对待金钱的态度去对待伴侣才是正确的：有"你"很好，没有"你"我也可以过得很好，我会找到一个真心对待我的人，我值得拥有一份美好的亲密关系。

当然，我们选择和一个人在一起的理由，并不是他可以作为我们向别人炫耀的资本，更不是要拥有他才会有安全感。**如果我们不需要用金钱来消除内在的恐惧，就可以给自己充足的安全感，也不需要用金钱来作为炫耀的资本，以此来弥补内在的匮乏，那么我们对待亲密关系也应该一以贯之——完全没必要靠男人来填补我们内心的匮乏和消除我们的恐惧。**

如果我们在亲密关系里始终抱着愉悦的心情，坚持"生命中有你，我很开心，没有你我也可以过得很好；在一起时就好好地相处，不必过多地向对方需索"的态度，那么彼此之间的关系就是完全对等的。无论是对金钱还是对伴侣，只有做到这一点才能称得上是处于健康的关系中。

4 解决"不快乐"的模式的核心

我想跟大家一起修正一个观念：一个人快乐与否、生活过得好不好，和他是否拥有亲密关系、是否享有很多财富并没有绝对的关系。

有研究人员做过这样一组实验，他们对比了中彩票的人在中奖前后的生活愉悦指数的差异，与此同时，还对比了因为车祸而不幸瘫痪的人在车祸发生前后的生活愉悦指数的差异。在这组实验中，研究人员发现了一个耐人寻味的现象，在刚刚喜中彩票或者不幸遭遇车祸时，人们的确会欣喜若狂或是痛苦异常，然而，大约三年之后，他们快乐或痛苦的水平就恢复到了发生重大事件之前的样子。

这个实验结果恰恰说明，如果个人的内在不通过修炼获得成长，每个人的生活愉悦指数就都是固定的，且无论外在发生了什么事情都不会发生很大的改变。因为我们已经形成了看待世界、应对世界、感应世界、感受人生的固定方式，已然拥有固化的思想信念和行为模式。

在追求快乐与幸福的路上，我们首先应该明确知晓自己应对重大事件的方式和习惯的基调是什么样的。如果你是个习惯性不快乐的人，也许会给自己的不快乐找个合理的借口：哎呀，我现在不快乐是因为

没有钱,如果有了钱我就会快乐无比。其实,根本不会有任何改变,因为你已经习惯了不快乐的模式,即使中了五百万的彩票大奖,也许你会短暂地快乐三个月,但之后还是会回到原点。

因此,解决"不快乐"的模式的核心,是要探究清楚自己为什么没有能力快乐。不快乐是一种习惯,而快乐是一种能力,你要做的就是终止坏习惯,习得快乐的能力,想方设法改变自己消极的情绪基调。如果你确实做到了这一点,就会发现挣钱相比之前更游刃有余,找到好伴侣的概率也比以前大大提升。

这是我自己历经多年的成长,呕心沥血总结出来的经验。时刻觉察自己和金钱的相处模式,并且及时调整和修正,你才会更容易吸引金钱来到你的生命里,为你带来更多愉悦的人生体验。

5 亲密关系中最常出现的四种金钱模式

有人认为,在亲密关系里谈钱伤感情,但真相是不谈钱没感情。在处理金钱问题时,我们需要有一定的智慧和明见,才不至于在亲密关系里因金钱问题连连吃苦,或者即使觉得被亏欠也只能忍气吞声。以下是亲密关系中最常出现的四种金钱模式。

夫妻双方都有工作,收入差距不大

我身边有些朋友在婚姻中对金钱的处置方式令我十分赞同。比如,即使丈夫收入稍高一些,也会按照两个人的收入比例,各自存一定数额的钱到家庭的公共账户中。他们会提前协商好,公共账户的钱用于负担家庭所有的共同开支,大至房贷、孩子的养育费用,小到水电费、吃穿用度等其他生活费用。除去这部分,每人都可以各自留存私房钱用于个人支出,而且双方均有权购入自己喜欢的物品。

我曾在婚姻里因为金钱问题屡屡受挫,连想更换一台运行速度快

的笔记本电脑都不被允许。回头想想,那段婚姻最终难以为继,是因为我虽然个性独立,但是不懂得沟通的技巧,而在那样一段充满大男子主义的婚姻之下,我无法委曲求全,以维持婚姻长久。

当时的我也没有勇气挺身而出,为自己争取在婚姻中应有的权益。我总觉得经常为钱的事情吵架得不偿失,可人生到了后半场才幡然悔悟,反正最终的结局也逃不开离婚,还不如当初就据理力争,明确地告诉他:我必须拿钱补贴自己的父母,我们两个人一同挣的钱,我理所当然也享有决定权,况且电脑更新换代是属于个人自由支出的部分,毋庸置疑我有权利做主。

当时,我的沉默没有换来前夫的理解。他还指责我虚荣、物质,认为我物欲泛滥、总在铺张浪费。事实上,我的服装大多是网购的,从来没添置过奢侈品,也绝不会乱花钱,我自认生活中的我十分务实,何来虚荣一说?

当年他那样指责我,让我觉得备受伤害。他没有看见真正的我,只是出于自己内心对金钱的匮乏感和恐惧感,而一味地管制我、控诉我,于我而言,很不公平。

正因为我体验过不敢好好谈钱的婚姻到底有多糟心,所以希望女性朋友们在结婚前就和你的伴侣好好谈钱,共同商讨婚后的家庭金钱制度,允许各自自由使用自己的私房钱,在共同负担生活开销的基础上,也能够随心买到自己喜欢又和对方无关的东西。

如果你已经结婚了,现在找个合适的时机和对方洽谈也不算晚,在婚姻中这并不是算计或计较,而是让你们的家庭更稳固、更和谐的一种方式。

🌸 丈夫担起赚钱大任，妻子更偏重于照顾家庭

假如妻子挣钱的能力比丈夫逊色很多，可以退而求其次，选择在家里操持家务、照顾小孩，同时做一点力所能及的工作。比如，倘若妻子有一技之长，就可以从事自由职业，做自己擅长也喜欢的事。

哪怕你老公月入数万，你只能勉强达到一万，那也是你自己凭能力挣的钱，会让你在亲密关系里有底气、有骨气。在婚姻里，"我养你"这句话的可信度并不高，千万不要把挣钱的事情全部交予丈夫，而你就顺势选择让对方供养。对女性来说，这样的想法毫无可取之处，一定要保持自己和外界的联结，保持自己的工作能力，也保证自己有持续挣钱的能力。

与外界联结的目的不在于你能挣多少钱，而在于你能拥有一份底气。你不仅可以借此维持和这个社会的互动，也可以让你的丈夫看待你时多一份尊重。

🌸 丈夫独揽赚钱大任，妻子选择做全职太太

如果妻子决定做全职太太，请一定要培养自己心安理得、理直气壮地跟丈夫要每个月花销的能力，而且要勇敢地根据丈夫的收入水平要求与自己的付出对等的"薪资"。

妻子可以义正词严地跟丈夫表达自己的态度：我牺牲了自己的事

业，舍弃了社交，在家专心照顾孩子、操持家务，请你想想，若要请一位既要带孩子还要家务全包的保姆，需要支付她多少月薪？况且，我来做这些事情，会比职业保姆更加用心，因为我爱你和孩子，所以会给你们最好的"服务"。这些付出都是可以用金钱量化的，你有义务给我相应的报酬，因为我的青春也是有限的，我在人生最好的年纪和你在一起，放弃自己的事业和个人的生活，为你付出所有，那你必须给我相应的回馈。

我给我的学员们讲过一堂课，主题是："幸福女人要有敢要的勇气"。女性朋友们一定要敢于去"要"你应得的尊重和回报，这么做是让你正视自己的价值——无论你是否赚钱，你都是一个有个人价值的人，你的任何付出都必须被尊重。当然，这也取决于丈夫的能力和意愿，你可以带着这样的底气，和他好好协商。

当然，要有敢要的勇气，也要有索要的限度。我有一位女性朋友，她曾有个男友每月都给她很多零用钱任她支配。我还调侃她："这太多了吧，他为什么要给你这么多钱呢？"我的朋友趾高气扬、眉飞色舞地回答："因为他觉得我值这么多钱，我就是值呀。"

我的这位朋友十分有个性，从不屈从于男人，本身也超有人格魅力。后来，她的男友花心劈腿，她发现后果断与之分手。之后，她坦白告诉我，男友之所以弃她而去，是因为在他的权衡中她的"性价比"没有优势，换作别的女人，每个月只给一两万就绰绰有余，还会帮他做好洗衣、烧饭等家事。我的这位朋友却全然不会操持家务，更不懂得体贴照顾男人，加之两个人还是远距离恋爱，每个月还需要付出如此高额的金钱，男友觉得付出和收获不对等，就逐渐打了退堂鼓，最终忍痛放弃了她。

虽然女人有一定的金钱在手是非常重要和必要的，但也要设身处地考虑对方的感受和经济实力。如果你是在自己伴侣的能力范围之内"索要"你应得的金钱，因为你觉得这是你拿青春交换而来的，那未尝不可。反之，如果你在婚姻里把日子过得十分窘迫，连索要一两百块钱都要看男人的脸色，那真是对自己毫不负责。

在此，我想对那些不好意思、不敢跟老公要钱的傻女人说一句话：你要尊重自己跟男人在一起时流逝的那些青春和机遇，请对自己好一点，一定不能亏待自己，好吗？

妻子超能赚钱，丈夫收入微薄或完全没有收入来源

如果妻子比丈夫更能挣钱，同时也希望并鼓励丈夫能够有自己喜欢的工作，那么当他在喜欢的工作中获得成就感，可以支付个人的开销时，由衷地为他高兴就好。

如果丈夫完全没有收入来源，这种情况恐怕糟糕至极，因为这种男人容易自暴自弃（有过分的松弛感）。千万不要自认为他因为吃穿用度都靠你就会对你感恩戴德、对你好上加好。很可能他各项生活支出都依靠你，还要对你百般挑剔，因为他会把对自己的否定投射到你身上，拿你来撒气。

如果你义无反顾地要和这样的男人结婚，最好提前审视一下他能否说服自己做一名合格的"软饭男"。有的男人吃软饭的姿态尚可，

有的只会反过来试探你的底线。我曾见过这样一个案例：丈夫毫无收入来源，全家老小只靠老婆的工作收入勉强度日。好在丈夫把家事料理得井井有条，不仅对老婆关爱有加，更把老婆和前夫所生的儿子视如己出，一家人生活得其乐融融，十分幸福。

所谓合格的"软饭男"，过起日子来是把好手，也能从心底说服自己接受现状。他能这么清楚地认识到这一点，还能够享受其中，在"吃软饭"这件事上没有矛盾内耗的心理，这是难能可贵的。不过现实生活中，这样的男人恐怕凤毛麟角，更多吃软饭的男人是没有本事、脾气大，野心还一点不小，不只事业毫无起色，还因强烈的自尊心作祟非要软饭硬吃。

在女强男弱关系中的男性，认为找个女强人做伴侣可以满足自己的虚荣心，彰显自己的优势，但是长期处于女强人的高压下，又觉得自己简直一无是处，想尽办法要证明自己。如果女强人还"不知好歹"地想要扶持他，那么无外乎会有以下两种结局：

第一种是丈夫赚到了钱，事业做得顺风顺水，最后出轨。因为对男人而言，权力是最好的春药，而权力正是因金钱和事业成功而有的。成功男人最需要的，是女人对他的仰视，而另一半是对他知根知底的糟糠之妻，正是他风光无限时唯恐避之不及的。

也正因为如此，暴富的凤凰男往往很难安于现状，更不愿意停留在原有的婚姻里，除非两个人的利益紧密捆绑。

第二种是女强人耗费很多金钱助他一臂之力，最终他却一败涂地。面对此种结局，他大概会恼羞成怒，并将失败者的怨气通通发泄在妻子身上。

因为不安于现状,他要争得面子,要为此去征战,要别人仰视他。依靠你才拥有的些许成就感,并没有让他的内心真正得到满足,当他在你的见证下落得一败涂地的下场时,你更会成为他发泄怒火的头号对象,至于你之前的付出和支持,他绝不会心存感激。

因此,女人在下定决心用金钱扶持男人前,请先看清他的人品、情商、性格、情绪处理的模式和对金钱的态度,免得他最终忘恩负义,让你陷入泥沼当中,不得抽身,又痛苦不堪。

在亲密关系里,我个人觉得敢"要"的女人还是占多数的。"敢于要钱"绝不是物质、虚荣,而那些单纯追求美好的亲密关系的女人,也不能片面地被定义为"恋爱脑"。

那么,在亲密关系中,金钱和爱情如何取舍?唐代的一位大才女鱼玄机有此妙语:易求无价宝,难得有情郎。这与我的情感价值观不谋而合,寻觅到真心实意爱你的人,远比金钱重要得多。

当然,我也理解有的女性宁可坐在昂贵的宝马车里哭,也不想坐在穷酸的自行车后座上笑。因为在她们看来,日久天长,所谓"有情郎"也可能会变成"无情汉"。你无法预知他是否会在某一天对你心生厌倦,任你在自行车后座痛哭不止。倘若真有那么一天,追求金钱的女性至少还有辆宝马车,而你就剩下破旧的一文不值的自行车。

归根结底,女性必须有独立的自我价值,不要把幸福快乐建立在外在条件之上,更不能完全期望男人给你一个能遮风挡雨的世界。无论女性是否拥有亲密关系,独立生活的能力和经济能力都是极其重要的。无论女性是否富有,拥有健康的金钱观念是最重要的。无论女性如何生活,自己的福祉是最重要的。无论女性有没有生育孩子,健康的身体是最重要的。

年轻时,女性要尽可能地积累财富,当拥有可观的财富,即使年华老去,它也是你生命中的一个重要加分项,漫漫岁月中,你会感觉到比他人更多的幸福和快乐。

在这个世界上,每个人都有自己专门的人生功课要修习。金钱和亲密关系这两门功课,我们或许不能保证自己修习得完美、获得超凡的智慧,但是通过修习,当问题出现时,我们就不会一心只抱怨外界的人、事、物,而是会看见自己内在的不足和匮乏,拓展自己的思维认知。只有正确对待金钱和亲密关系,健康的金钱关系和幸福的亲密关系才不会离你愈来愈远。

第七章

沟通课题：
不要让无效沟通压垮婚姻

活出你想要的　　亲密关系

男人和女人在沟通方式上存在天壤之别。女人喜欢倾诉，比较擅长沟通，但男人更倾向于解决问题，容易忽略双方情感的沟通与联结。这样的差异导致男女双方在亲密关系中常常因为沟通不畅，产生一些无法修复的裂痕。

每个人在婚姻中都不免萌生"斗争"意识，谁都不愿意主动承认自己是犯错的那一方。可是，若想经营出理想的亲密关系，就必须学会收敛随心所欲的情绪和毫无节制的投射、抓取，不能任由它们成为摧毁婚姻的毒瘤。

倘若具备良好的沟通技巧，便可以有效防止婚姻走向崩坏的结局。婚姻里最常见的沟通困境便是争吵，而争吵背后潜藏着深层次的原因。如果我们能透过争吵的表象看清底层的原因（也就是我之前反复提及的驱动力），并掌握正确的争吵姿态和沟通方法，婚姻的困局便会由此获得转机。

1

为什么我们总会争执不断?

在亲密关系里,双方争执不断有两个根本性的原因:

🌸 就人性而言,承受痛苦远比解决问题来得容易

解决问题意味着要做出改变,而改变需要跳出舒适区,面对挑战,直面自己不熟悉的状况。当面对未知的挑战时,我们会本能地产生恐惧和抗拒的心理。大多数人宁愿选择"痛苦"地蜷缩在舒适区,也不愿意勇敢地做出改变,因为不加改变的情境至少是熟悉和安全的。

不仅如此,双方还会习惯性地认定痛苦都拜对方所赐,在不断地争吵、抱怨和互相指责之中,婚姻的甜蜜渐渐被磨灭,与最初的美好期许背道而驰。

因此,如果发生争吵,我们首先要扪心自问是否真的想解决问题,还是自始至终全然没考虑过直面问题,宁愿停留在舒适区一味地承受痛苦。不愿意承担责任,不想改变自我,不敢用不熟悉的方式去面对和解决问题,这大概是大部分人在亲密关系中都会有的通病。

争吵比心碎来得容易

面对伴侣带来的伤害，我们的内在很容易衍生出自己是不被爱的、不受尊重的、被抛弃的，诸如此类的负面感受，进而引发更深的痛苦。此时此刻，无论是去责骂、去争吵还是去抱怨，都会比独自承受心碎和痛楚好受很多。

然而，若想一段关系长久稳固，我们必须认真地找出争吵的原因，切实解决问题，学着去坦然面对，试着去接纳和包容自己的心碎和痛楚。

尽管把目光从评判对方的对错转向觉察自身的内在感受和情绪并非易事，但它意义重大，且对我们未来的成长和幸福的获得大有裨益。

2

如何做才能有效避免争吵呢？

我们应当未雨绸缪，防止事态发展到双方争吵不休的地步。

> 要用心发现双方争吵的引爆点在哪里，
> 找到每次引发争吵的症结所在

比如，你和伴侣一起驾车出行，身在副驾驶座上的你总忍不住指手画脚，而他每次都会因此暴跳如雷，而且你越分辩，他越生气。倘若再次遇到类似的情况，请适度收敛，切勿故意戳他的痛点。

反之，如果你的伴侣有心或无意的特定举动会踩到你的雷区，你不如坦诚地告诉他你介意的点。倘若还是不可避免地发生了争吵，重要的是复盘整个过程，双方认真探讨彼此争吵的引爆点在哪里，尽量避免之后再因为同样的问题争吵。

事后复盘很重要，在相处的过程中注意觉察更为关键。倘若伴侣触碰到你的"引爆点"，你要如何调整自己的需求和想法，以防自己被引爆呢？譬如，今天男朋友应允陪你，结果有人临时邀他去做他很喜欢的事，他便跃跃欲试地要离开。你可能因此觉得自己不被爱、被抛弃了，情绪也濒临崩溃。

此时，请冷静下来，转换一下思路：难得他不在身边，你有了短暂的假期，其实可以自由地做很多事情，比如可以打电话给知心好友，约她们欢聚；也可以单纯追剧、做运动、去早就想去的博物馆……珍惜难能可贵的独处时间，大大方方地送他出门，心情愉悦地好好享受个人时光。如此转念一想，两个人就能避免冲突。

当然，前提是你要直面和接受自己不被爱、不受重视以及被抛弃的感受，而不是让你的男友为你的坏情绪买单。也许父母在你小时候给你留下过类似的负面感受，至今你还记忆犹新，否则你不会轻易被勾起愤怒和怨恨的情绪。因此，自我负责而不是责怪对方，一个人才能真正成长。

看到争吵背后潜藏的对方的真实感受和需求

大部分人在与伴侣争吵时，只考虑自己的需求是否被满足，甚至只从自己的情绪、面子出发考虑问题，很少去看"吵架"这件事背后隐藏的对方的真正感受和需求。

克里斯多福·孟老师在《亲密关系》一书中讲的一个故事生动诠释了为何人们会因为各自的感受和需求不同而引发争执和矛盾：

有一对夫妻——约翰和玛莉，他们同居已经超过一年了，两人住在一间舒适的单房公寓里。本来一切都很好，但最近约翰愈来愈无法忍受玛莉总是把浴室弄得一团糟。一开始他用一种轻松、幽默的语气来提醒她。虽然他们在其他事上大都能互相体贴，但玛莉总是忘记在使用浴室后收拾干净。两个人常常为了这件事吵架，约翰只要看到玛莉使用过的浴室杂乱不堪，就会暴怒。

这件事会发展到如此地步，其实是受他们各自的原生家庭的影响。玛莉的家人喜欢挑剔她，总让她觉得自己不被家人接受。约翰在意的点在于，他觉得自己说的话没人在意，从小他在家就是个没有存在感的孩子。这样看来，这对夫妻争吵，不是因为同一个"症结"，玛莉并非不在意约翰，她只是觉得浴室没有必要维持得那么整洁，而且她不喜欢被家人嫌弃挑剔。另一方面，约翰也不是刻意挑剔玛莉，他除了希望浴室整洁，更在意的是别人有没有重视他所说的话。

就好似两个人都想要同一个橘子，谁都不愿意妥协退让，越吵越严重，结果深入沟通之后，才发现我要的只是橘子皮，他要的是橘子籽。一个要籽，一个要皮，这两者完全不冲突。在亲密关系里，看懂对方真正的需求才是解决冲突的绝佳方式。

女人应该先迈出这一步，因为男人在暴怒时很难感受到对方深层的不安、脆弱和痛苦。就好似上面的例子中提及的玛莉和约翰，玛莉完全可以和约翰说："当你每次嫌我把浴室弄得这么乱，然后对我发脾气的时候，我就觉得我是一个非常糟糕的人，从小父母就不接纳我，现在老公又如此嫌弃我。"

不要用抱怨的语气去指责他，而是开诚布公地从自己的真实需求出发，做到百分之百为自己负责。你可以向对方袒露心声："你这样说真的让我感觉很挫败、很难过,为什么在你眼里我是这么糟糕的人呢?"

如果玛莉能如此沟通,约翰可能会立即表示谅解:"其实我不是在指责你为人糟糕,批评你行事方式有问题,我只是不喜欢脏乱不堪的浴室,而且我不喜欢自己说的话不被重视。既然这样,我们可以坐下来想一下解决问题的办法,你看可以吗?"

如此一来,玛莉和约翰就可以心平气和地就事论事,之后就可以了解一下约翰认为的脏乱的浴室是什么样的,如果他认为牙膏、牙刷没有放回原位会显得凌乱,那不如买一个收纳盒,请玛莉记得使用完毕就顺势收入盒中;或者当约翰发现牙膏、牙刷没有归位,也可以帮忙放好。

如果他觉得洗完澡后洗手间的地上到处都是水,容易滑倒,又很显脏,那不如装上浴帘,避免淋浴时水飞溅得到处都是。此外,脏衣服不要丢在洗手间的地上,而是拿一个洗衣篮收好。这样细致地沟通后,玛莉和约翰的这场争执完全可以收获圆满的结局,这样的沟通方式也会成为之后二人相处时良好的磨合模板。

夫妻之间相处时,本身就会有很多琐碎且磨人的小事发生。要先建立良好的沟通模式,在细碎的小事上反复磨合,然后再用技术性的方法加以解决。切勿因为琐碎之事,怀疑这段关系的本质出现了问题,更勿怀疑双方的性格合不来,以及考虑彼此的关系是否还要继续。如此,你们的婚姻才能长长久久,走向稳固舒适的阶段。只是大多数人进入到亲密关系中的斗争期后,都开始用愤怒来解决问题,完全失去了理性思考的能力。

3

为什么夫妻之间更易用愤怒解决问题？

🌸 愤怒可以让我们暂时不用面对痛苦

争吵时，我们的内在并不是只有愤怒的情绪，"愤怒"底层隐藏的也许是不安、脆弱、痛苦、悲伤，抑或没有安全感、不被接纳、不被爱、自己的价值被否认的感觉。我们之所以选择用愤怒去表达自己的态度，是因为它让人感觉自己在据理力争，同时也让人觉得自己比较有力量，于是我们将怒气作为控制局面的武器。

可是，愤怒亦是把双刃剑，最终的结果一定是伤人又伤己。不如先回避，回观和感受自己的愤怒之下隐藏的那些脆弱的情绪，然后坦诚地表露出来。相比愤怒，对方一定更容易接受这样的表达方式，你们的关系也会因此朝着更加良性的方向发展。

倘若你的伴侣在众人面前口无遮拦让你难堪，与其当场摆臭脸或是立即用语言回击，不如事后再将自己的感受如实相告："你当时毫无顾忌说的话，让我感觉很不舒服，甚至有点无地自容，我不想再让朋友听到类似的话。"

　　此时，对方可能还会狡辩，你可以充分展露自己的郁闷不快，但是既不要说话，也不要用言语攻击他，更不要采用冷暴力。但凡是有同理心的男人，无论他嘴上如何回应，此刻他心里都会明白自己的言行伤害到你了。如果他真的爱你，下次一定会加以改正。

🌸 我们想用愤怒让对方感到胆怯、自知理亏，或是怀有罪恶感

　　有理不在声高，并非谁的声音大，谁的怒火越盛，谁就可以控制对方，这其实只是一种错觉。如果夫妻之间想和睦相处，绝不能凭借愤怒压制对方来进行沟通，这么做只会伤害彼此的感情，让两个人的关系愈来愈糟糕。

🌸 用被动攻击表达愤怒

　　愤怒的表达方式不一而足。有人采用"怒吼"的方式，一味地责怪对方；还有人用冷漠、情绪抽离、叛逆，甚至故作可怜来表达愤怒，迫使对方感到愧疚心虚。

　　倘若你觉察到伴侣正用情绪抽离或被动攻击的方式对待你，你要知道他借此隐藏的情绪是愤怒，而愤怒之下的底色则是悲伤和无助。

若能怀有足够的慈悲心和包容心，你就会发觉对方藏在愤怒之下的真实情绪，你们之间的问题也会迎刃而解。

然而，当我们感觉到对方的愤怒时，第一反应通常是自己愤怒的情绪也遏制不住地喷涌而出。**在亲密关系里，我们首先要修行的是看见自己内在的愤怒，继而接纳愤怒之下的负面情绪，这样才能更为恰当地面对和化解伴侣的愤怒。**

在婚姻里，最好的沟通方式是温柔地坚持以及脆弱地要求。你不必大声也无须借用愤怒来表达你的需求，**最佳的表达诉求的方式是温柔地坚持立场，并且以脆弱的姿态提出要求。**

温柔地坚持是指——你可以姿态柔软，但要态度坚决地和对方说：对不起，我做不到，这是我的底线。脆弱地要求则指——提出要求时，你要坦然承认自己的需求，这看起来是脆弱的，实则是以柔克刚、更有力量的表达方式。

曾经，我和前夫一家人一同到赌城拉斯韦加斯旅行，抵达酒店时已是下午五六点钟，我饿得头晕眼花，发现酒店附近恰好有家日本寿司餐厅，便很想就近解决晚餐，可是我前夫坚持要花半个小时到一家牛排馆就餐，只因为那家店当天有特价餐供应。

当时，虽然我一点都不想勉强自己吃西餐，但是因为他性格强势，我始终没有勇气直接说出自己的诉求。倘若当时的我能懂得温柔地坚持和脆弱地要求，我会缓缓和他说："亲爱的，我知道美国的西餐应该比较好吃，而且牛排大餐今天特价才12.9美金，真的好划算。可是，我的胃现在告诉我，它只想吃日本寿司并喝一碗热腾腾的味噌汤。你可以带家人去吃牛排，如果我先吃完寿司就回酒店等你们，可以吗？"

可惜，当时的我轻易就败下阵来，只能臭着一张脸和他去吃饭。在那个情景下，摆出一张臭脸其实是一种被动攻击。因为我真的很饿，到了牛排馆却发现还要等待三十分钟，于是我讲起话来也开始夹枪带棒，情绪也呈现出抽离和冷漠的状态。当天晚上，我们爆发了结婚以来最严重的一次争吵，我隐忍多年的心声终于脱口而出：等小孩上了大学，我就要离婚。

这句话可谓掷地有声，他随即感觉深受伤害，那一刻他比我还要愤怒。这场严重的冲突，也深深地伤害了我们的感情，为后来我们的关系支离破碎埋下了伏笔。

如今我再次回看，倘若当时的我能拥有如今的智慧与阅历，一定不会再用同样的方式去处理两性关系。我会坚持去做我想做的，不再隐忍，但会以一种温柔的方式去坚持、用脆弱的方式去要求，以怡然自得的态度去表达自己的需求。即使对方再怒不可遏，只要我温柔地坚持，他也无可奈何。

当你的伴侣同理心很差，没有办法感受到你当下的需求时，你更需要通过脆弱地要求、温柔地坚持，去获得你想要的结果。然而，如果两个人的关系已经到了剑拔弩张的地步，总是忍不住想要吵架，该如何是好呢？这个时候就要学会正确的吵架方式，要让吵架也能为爱的升华助力。

4 如何正确地争吵？

明确自己和对方的需求，不要一味地指责和抱怨

我们都知道顺畅的沟通至关重要，但实施起来常常是无效沟通，还总是饱含愤怒，带着钩子或刀子说话。

我自觉这样的比喻很贴切。所谓"带着刀子说话"是指：表面上我在谈事情，其实是在攻击你，力证你错了。"带着钩子说话"则指：我的沟通目的是想让你知道自己犯了错，我表面上说你无须补偿我，但又期待你能主动改变或向我表达歉意。

这两种都不是有效的沟通方式，底层潜藏的能量和个人意图都不正确。即使你未直接说出口，对方也早已心知肚明，只会造成双方吵来吵去、问题无法解决、感情亦受到伤害的局面。

不要把自己的感受放大成绝对真理

何谓"把感受放大成绝对真理"？譬如，有的男人忘记了重要的节日或纪念日，就可能招致严重的后果。如果恰好他的伴侣非常介意这种事，就会感觉自己不被爱，认为"遗忘重要的节日"足以证明"你不爱我"这件事。

很多女人会把这种飘忽不定的感觉看得非常重要，只要她感觉有异样，那么就一定是对方有错在先。既然"你不爱我"，那么"我"会使出浑身解数去折磨你，键盘、榴梿、搓衣板和鸡蛋，要跪哪一个任你选，"我"都给你准备好。真的是无理取闹。

事实上，理智的女人绝不会把自己的感受放大成绝对真理，更不会把自己当上帝，用"上帝"的视角去评判对错。我们需要清楚地知晓和接受"你的感觉未必就是真实的"，要让自己的亲密伴侣有喘息的空间，给他充分解释的机会，而不是直接宣判结果，然后勃然大怒、横加指责。

将吵架的焦点放在某个明确的行为或事件上

吵架时的大忌是以偏概全和翻旧账，这样很容易让对方感觉不舒服。

有人争吵时常常说出"你从来都没有""你永远都不会"等绝对

性的话语，伴侣听了会失望、气馁。其实，不只是亲密关系，这种大忌放在其他关系中也同样适用。试想一下，当你的父母、上司、朋友抑或其他你认识的人，总是对你说出类似以偏概全的否定话语时，你做何感想？

　　反之，当你意识到自己时常对伴侣脱口而出类似的话语时，一定要有所警觉，千万不要继续自以为是地说出同样伤人、伤感情的话。即使在气头上，你也要理智地想起对方的确关心过自己，有过真心对自己好的高光时刻，亦做过一两件和自己现在指控的事实截然相反的事情。倘若你能拥有这样优秀的觉察能力，你的亲密关系一定会渐入佳境。

　　同理，当双方陷入争吵时，千万不要翻旧账，说类似"上次你也是这样，多少年前的某个时候你也这样"的话。这意味着在我们的潜意识里，想证明对方从头到尾都未改变，一直是糟糕至极、屡屡犯错的人。

　　"证明对方是错误的"这件事，永远无法起到敦促别人改变的作用，也没有任何人愿意被这样改变。正确的方式是给出善意的提示，比如：关于这件事情，这次你处理得失之妥当，不久前好像也有类似的事情发生，当时你是怎么处理的？我觉得那种方式分寸拿捏得十分恰当。

　　要给对方积极正向的引导，聚焦于当下某个明确的行为或事件，并就事论事。切记没有人会心甘情愿地承认自己是错的。我们自己据理力争的同时，也要给对方留有余地，尤其是和男人争辩时，更要顾及他强大的自尊心。

归根结底，两性的相处需要智慧，当争吵即将爆发，要学会自退一步，先处理好自己的情绪，再开始进行有效的沟通。我常常开玩笑说，其实女人们都有很强的同理心和慈悲心，但是面对伴侣时常常派不上用场，因为对方总能精准地戳到我们的痛处。一旦如此，我们的慈悲心、同理心就被抛到九霄云外去了。我们被激怒后，情绪上也退化成了一个愤怒的小女孩。因此，我们一定要修炼自己，让他无法碰触到自己的痛点。如此一来，我们也能成为超级厉害的人。

当然，没有人希望永远在与人争吵，想减少人和人之间的互相伤害、矛盾、冲突，最重要的还是要修好亲密关系里的沟通这门功课。

掌握正确的沟通方式，让亲密关系中生出更多爱

在亲密关系里，没有人能抵得住长期的争吵带来的消耗，即使两个人再相爱，亲密关系最终也会发展至崩坏的局面。

正确的沟通方式最核心的部分是，在情绪上要和对方建立联结，其次才是沟通的技巧。切勿让你们的关系演变成斗争不休的局面，最终不得不以结束这段关系来收场。男人大多数容易忽略两性关系中的情感联结，这是男人人性中的弱点。因此，我认为在好的婚姻关系里，通常都是女性在主导情感联结这件事。

5

如何有效地进行情感联结？

最重要的就是，能够适时地邀请对方参与沟通，并且在沟通中用正确的方式予以回应。

我认识几位深谙如何与女人建立情感联结的优秀男士，当听到女人谈论起自己的遭遇时，他们会表现得关怀备至，适时询问她们的所想所感。而当女人继续述说时，他们会认真倾听并且给予"哦，这样子啊，原来如此"等表示自己始终在倾听的即时回应。

不过，和伴侣建立情感联结时要谨记，切勿使用空洞的回应方式，否则只会令对方觉得你是在敷衍了事，跟你谈话枯燥乏味。正确的方式是挑重点和细节与对方沟通，譬如问他：上次你回家看望二老的时候，你妈妈说她膝盖疼，这次回去她好一点了吗？待他下班后询问他：昨天你给老板的那项提案，老板说要再考虑一下，今天他有反馈你吗？

不仅如此，我们还要去理解对方，他可能需要再三斟酌才敢一吐为快。倘若你带有目的地探听，然后借此去控制或指责他，对方不会傻傻中计，这种有所企图的谈话也断然得不到很好的回应。如果你只是想和对方建立联结，选择话题时就挑轻松愉快的来说，而非硬戳他

的痛处或隐私。

这种特定的情感联结,是针对一个具体问题提出的谈话邀请,透露出的是提问之人对对方的关心和亲近之感,绝不带有任何特定的目的。那么,要如何做出回应,才能让对方有想深入沟通下去的意愿呢?以下列举了三种回应的方式,大家可以自行参考,确认自己属于哪一种。

高活力且充满关心的回应

我有认真倾听你说的字字句句,并始终表现得饶有兴趣;我深切了解你的想法,抑或我抱有强烈的好奇心想要了解你;我支持你,也愿意陪着你;我敞开心扉倾听你的想法,也许我暂时不能接受你全部的行为和想法,但是我接受此时此刻的你。若你能给对方这种感觉的回应,对方一定会觉得舒服自在,更愿意继续和你深入沟通。

拒绝、抗拒或是辩解式的回应

当伴侣到家后兴致勃勃地和你分享新鲜见闻时,你的回应却十分冷淡:"这没什么大不了的,我早有耳闻。"他和你提到某个好玩的事物时,你却情绪不佳地和他抱怨:"你跟我讲这个干吗?你会给我买吗?你会带我去吗?你有本事拿到吗?"

你所表现出来的冷嘲热讽、愤世嫉俗,或是强势、霸道、挑剔的姿态，都充斥着防卫性的能量，好似随时准备和对方吵架，对方必然感受得到，也会变得不爱跟你沟通，无法抑制地想要和你吵架，甚至开始使用冷暴力，拒绝和你进行任何沟通。

情绪或言语上完全冷漠的回应

不论对方说什么，你都视若无睹，埋头做自己的事，一脸漠不关心，有时还会刻意岔开话题，表现出戒备心、敌意或者没兴趣响应，此时对方接收到的信号就会变成：你不在乎我、你对我避之不及；你对我说的事情毫无兴趣；你太忙，你懒得在我身上花时间；你需要自己独处的时间，你甚至不想跟我有任何牵扯……

以上三种沟通回应的方式中，第三种给人的伤害是最大的。保持冷漠或不予回应，就是彻底割裂了彼此的情感联结，让人痛苦无比。冷战进入常态化的夫妻，离婚率通常会比经常吵架的夫妻高很多，快乐的指数也相应低很多。

我们一定要常常检视自己的回应方式究竟属于哪一种，如果你一直在第二种和第三种回应方式之间兜兜转转，没有办法把自己带回第一种高活力的回应状态，那么你可能需要去听一些疗愈的课程，做一些情绪和创伤方面的治愈，以此来释放自己的负面情绪，把自己对这个世界、对原生家庭、对父母和对其他人的不满，从伴侣身上收回来，别让对方成为你负面情绪的发泄对象。

6

为什么人和人之间的回应能力，会有如此大的差异呢？

这背后其实存在着三种主导因素，会影响我们成为一个懂得"回应"的人。

🌸 天生的性格以及原生家庭的影响

在我们还是婴儿时，每一次哭闹都可以视为一种邀请，如果有人能时刻正面回应这些情绪上的邀请，那我们将会是最幸运的小孩。

婴儿哭闹的原因众多，也许是肚子饿，也许只是想要个抱抱，但在那一刻他最需要的是情绪上的安抚。从孩提时代起能否得到这样的安抚，会对我们一生的幸福产生深远的影响。如果我们从小就感受到充分的情感上的支持，坚信只要自己有需要就能得到正面的回应，长大成人后也会具备和别人进行情感联结的能力。

反之，在婴儿时期没能得到足够关爱的人，他们的心理年龄会停滞不前，呈现出"巨婴"、自恋、特别以自我为中心、完全沉浸在自我感觉当中的状态。这类人的邀请能力就比较差，沟通能力及回应他人情绪的能力也很差，任何事情都以自己的观点去评判，当伴侣遇到一些事情、受到委屈时，他首先考虑的都是自己的福祉和利益，丝毫不为对方着想。

一方或是双方怀有积怨

有时，双方都没有意识到自己的内在怀有积怨，通常会故意使用切断联结、不予回应、拒绝沟通等方式来表达愤怒。如果你已经意识到了问题所在，千万别再放任自己，除非你就是抱着想让这段关系结束的目的。

积怨好似亲密关系里的毒瘤，亦如同深埋在亲密关系中的定时炸弹。如果你已觉察到自己对伴侣怀有积怨，就需要好好回观自己，看看自己能否勇敢地敞开心扉，寻找适当的时机和伴侣开诚布公地谈一谈，或者找时机疗愈原生家庭给你带来的挥之不去的痛苦。

也有一类人具有自毁倾向，已经清楚意识到问题所在却无力改变，只能眼睁睁地看着亲密关系走向终结。他们通常会用各种方式自我伤害，不仅身体受到伤害，连情绪、福报、关系等都会受到影响。

爱上这样的人，可以说是厄运的开始，抑或是你开始一段新的修行的起点。在亲密关系里，最好的局面就是双赢，除非你毫不在乎这段关系，不管什么时候结束都不觉得可惜。

自我保护意识太强

这类人担心自己不管以什么方式表达都会被拒绝、被批判、被攻击，因而他们干脆紧锁心门，绝不外露脆弱；或者采用非常迂回的方式表达诉求，让对方雾里看花；又或者用非常客气的语气和态度来疏远对方，以免被拒绝时承受太多痛苦。

喜欢采用以上三种方式沟通的人，跟他人的情感联结能力比较差。如果你遇到了这种自我保护意识太强的人，先要让他有足够的安全感，并且无须在乎他用什么方式表达自己的需求。

能够表达，或许已经是他做出了最大努力的结果了，等他拥有安全感，对你信任有加，自我保护意识就会相对降低一点，你们沟通起来就会越来越顺畅。

一段真正健康的亲密关系，伴侣之间一定要建立情感的联结，双方都可以在对方面前自我揭露，在心灵层面进行交流，亦可以将内心不为人知的一些想法、经验和秘密向对方吐露。正确的沟通方式在其中的作用就好似一座桥梁，至关重要。

总而言之，当我们好好地成长和疗愈自己，拥有爱别人以及被爱的能力时，才能让真正的爱在关系里生根，进而拥有一场高质量的相遇和陪伴。

亲密关系里的所有功课，都是生命赠予你的礼物，要好好接住它，哪怕有时候有些事看似有些糟糕，也是老天爷珍贵的馈赠。我们可以从中获得成长和进步，一旦眼界提升，就能看到一个更深层、更不一样的世界。

第八章

亲子课题：
如何让孩子为婚姻加分？

活出你想要的　　亲密关系

孩子是夫妻恩爱的结晶和见证。然而，育儿过程中的琐事若处理不好，往往会变成婚姻中冲突频频爆发的导火索。如果你正打算和伴侣拥有自己的孩子，最好提早就孩子的教育理念进行碰撞磨合，否则孩子的相关问题一定会成为日后婚姻关系不睦的主要原因。

我曾提过，其实婚姻中70%的问题都是无解的，若只寄望于婚后有无尽的时间可以磨合，恐怕夫妻双方就只能在不断的争吵、退让、迁就、自我牺牲等循环中勉强度日。育儿观念的最佳磨合时期是婚前，婚后只需延续共同的育儿观念并将其发扬光大。

1

你和伴侣的生育价值观是否一致？

要使"拥有孩子"这件事变成婚姻合伙公司的加分项，具体需要做哪些准备呢？最重要的是，确认你和伴侣的生育价值观是否一致，可以和伴侣讨论以下三个问题：

婚前须知：
伴侣能否理解和体谅女性在怀孕这件事上的难处？

怀孕生产并不仅仅意味着女性在生理上要承受痛苦、做出牺牲，心理上也要经受巨大的考验。

我自己孕育过孩子，怀孕时不仅身材走样，妊娠纹还会慢慢滋长。女性要一天天看着自己肚子上的妊娠纹越来越多，并且更残酷的是，要接受和它共处一辈子的事实。尤其在怀孕中后期，女性的身体要承受两个人的重量，不只腰部开始酸痛，行住坐卧都笨重不便。随着孕期激素分泌的巨大变化，女性的饮食、睡眠都会受到影响，情绪也会变得敏感脆弱，身心都要遭受巨大的折磨。待苦苦熬过怀胎十月，生产时也可能面临诸多困难，危险重重。

除了身体上承受的痛苦，女性在心理上也要经受巨大的考验。据统计，有相当一部分女性，因为孕期激素的巨大变化，激起了她们早年的一些心理创伤，抑或因为前期准备不足，导致孕期有强烈的心理落差和恐惧感，令她们陷入忧郁的状态难以挣脱。

试想一下，数月前还是需要被关怀的女生，一朝就变身成哺育下一代的母亲，身体的剧烈疼痛和虚弱的状态还远未褪去，就有一群人前来审视她能否成为称职的母亲，她内心对于身份的转变恐怕一时难以适应。几乎所有人都围着孩子表达内心的喜悦，却少有人在意她的所感所想，这样的场景想想都让人窒息。

此时，男性作为丈夫和父亲，需要充当女性的定海神针，在她情绪产生波动时稳稳地托住她、支持她，做她最坚强的后盾。如果你的伴侣具有这样的意识和能力，你自然十分幸运，可以放心和他组建家庭、生儿育女。如果你的伴侣共情能力欠佳，且在婚前就自以为是地认定：生孩子每个女人都会，不应该那么矫情，衣食无忧、不愁温饱就不错了，哪来那么多麻烦？倘若不巧遇到这类男人，而你仍要义无反顾地和他步入婚姻，就不要期待他在怀孕生产这件事上会参与进来，否则就请对婚姻大事三思而后行。

育儿的核心观念：身为父母，我们能否把自己的期望过度投射到孩子身上？

关于养育孩子，有两个关键问题需要双方认真思索和探讨。

首先，养育孩子的目的是什么？是传统意义上的养儿防老，还是单纯因为自己喜爱小孩？是奉父母之命必须为之，还是不小心怀孕了不得不为之？

其次，养育孩子的意义是什么？在谈论"育儿"这件事之前，务必想清楚这个问题的答案。育儿绝非只是把孩子抚养长大、抚养过程中让他衣食无忧即可，而是在培养和塑造一个独立的个体。身为父母，个人价值以及未来的幸福，能否全部寄托在孩子身上？请记住，你有你自己的人生，他也要为自己的人生负责。

不得不说，有的人养育孩子的确是为了老有所依。他们对未来充满恐惧，认为养育孩子的意义就是"等孩子有所成就，父母年迈时就可以反哺，不至于孤独终老"。然而，很多抱有这种想法的父母都被现实狠狠打脸，实际情况往往是父母含辛茹苦养大孩子，孩子将来报答父母的概率却微乎其微。更何况当下社会压力越来越大、新型啃老现象越来越普遍：年轻人不仅不愿意拼搏奋斗，如果父母经济实力尚可，他们会选择躺平和依赖父母，将啃老进行到底。

著名的女性主义作家上野千鹤子曾说，她拥有将来可以一同养老的好友，而且他们的年龄都比自己小十几二十岁，所以即使衰老到行动不便，还可以依靠他们帮忙做一些保姆不能决定和处理的事。也有

人提议，倘若决定不要孩子，可以早早存好钱，待年纪大了需要有人照顾时就搬去住养老院。虽然如何选择没有绝对的对错之分，但切忌头脑一热就做出令自己后悔终身的决定。

除了养儿防老的误区，父母还常常不由自主地把自己完成不了的事，或者一生没能达到的成就寄托在孩子身上，期待孩子能改变自己的人生。

有这样一个故事。有一群妈妈聚在一起聊天，一些妈妈骄傲地说："我的孩子上了北大，我的孩子上了政大，我的孩子很优秀，拿到了荣誉奖项，为了培养孩子，做何牺牲都值得……"

有一位妈妈打断了她们的发言，直接问道："你们这些上北大、政大的孩子现在都在哪儿？"妈妈们纷纷回答："都在国外，一年都难得回来一次。"此时，这位提问的妈妈缓缓道来："我的孩子们学习成绩都很一般，但我儿子在家附近开了一家早餐店，我每天早上不用走多远，就可以到他的店吃早餐，顺便帮他招呼一下客人，然后还能陪孙子玩一会儿。我女儿开了一家美容院，有时下午我会到她那里按摩、做脸部护理，跟客人谈天说地，我觉得我的日子过得挺滋润的。"

身为父母，如果你望子成龙、望女成凤，希望由孩子实现你以前未能实现的理想，甚至不惜逼迫、打压他们，只为了让孩子能有所成就，你就要预想到，你这样会带给孩子深深的伤害，你和孩子之间的感情可能也会被你亲手破坏，而之后孩子也许要用一辈子来疗愈自己童年的创伤，他也可能因此无法拥有幸福快乐的人生。让孩子获得幸福快乐的能力和内在发展的能力，这些对父母而言不是更为重要吗？

一直以来，我很注重孩子的自尊。在养育他们的过程当中，我非常重视他们的自我价值感以及我们之间的关系。我还会教导他们——你们要为自己的快乐和幸福负责，妈妈没有办法一辈子陪着你们，帮你们把阻碍自己快乐的障碍全都扫除，我只能陪伴你们一段时间，到你们十八岁成年了，去读大学时，就要靠自己了。给予孩子无条件的爱和自由，让他们从小就拥有快乐的能力，这就是身为父母能给孩子的最好的礼物。

在结婚或者要孩子之前，要和你的伴侣确认——你们能否尊重孩子的个性？

我们可以把孩子看成一棵树，他是葡萄树就会结出葡萄，是苹果树就会长出苹果，父母只需要提供土地、阳光、水和养分，以及用温暖和爱意为他提供庇护，让孩子体验他的人生，成长为他原本应该成为的样子，展现出自己最美好的特质。

每个孩子都有自己难能可贵的天赋，我们要尊重他，而不是极力控制、压抑、束缚他，修剪他的枝丫，妄图把他改造成你想象中的样子。如果你期望他按照你的想法去生活，对他抱有极高的期待，这对孩子而言无疑是压力重重和充满痛苦的。因为他明明是一棵杧果树，结出来的果子只能是杧果，你却觉得杧果太甜，喜欢酸酸甜甜的橘子，就妄图把孩子变成一棵橘子树，以致孩子一生痛苦，你们之间的关系也注定不会太好。

我曾经听过一位育儿专家的真实故事。他千辛万苦把儿子培养长

大，送到美国一所一流大学读书，结果孩子上学不久就自杀了。即便如此，育儿专家也没间断网络直播，口口声声说他尊重孩子的一切决定，甚至完全尊重儿子在美国自杀这一选择。

这位育儿专家是单亲父亲，独自照顾孩子，就连每天给孩子准备餐食都费尽心思，可以连续一百天菜色都不重复。他也对孩子设置了多重束缚、规矩，希望把孩子培养得优秀、有教养。如此想来，他的孩子可能过得非常不快乐，在父亲划定的圆圈里无法自然生长。这位严父应允孩子，到美国后他就自由了，只是他万万没想到，儿子刚进入一流大学就选择结束自己的生命，也许他觉得自己毕生的使命达成了，因为父亲要他做的事他都做到了。

试想这就是为人父母想要的结果吗？我不知道。这个育儿博主似乎一直在用孩子刷存在感，孩子身上发生的任何事情，都是他用来刷存在感的工具，甚至直到孩子离开了这个世界，他仍在网上宣扬：他的孩子做了自己想做的选择，他接受且表示尊重。

我不禁生出疑问：孩子小时候想要吃零食的时候，你怎么不让他按照自己的选择去做，而是让他吃你规定好的一百道不重复的菜呢？不得不说，这样的父母真的有点丧心病狂，他养育孩子只是为了他自己、为了传宗接代，甚至只是为了让自己有面子，还自我感觉良好。孩子只是他生命中的一个工具。我个人非常不认同这样的父母。

做父母其实是一门很难的功课，但是很少有人去虚心学习如何为人父母。我希望看到这里的你，能够成为不一样的父母，尊重孩子的本性，帮他发掘自身的优点和美德，比如专注力、同理心、探索欲，以及对环境整洁美好的热爱等。更重要的是,要培养他自己找到幸福快乐的能力。充分尊重孩子的天赋,让他成为他自己,而不是把你认为正确的模板套用在他身上,妄图规定他要活成什么样的人。

　　以上三种生育价值观,如果你有背离的地方,希望你先调整好自己的心态再决定是否生育孩子,以免在毫无准备的情况下,开始一段令你苦恼不堪的亲子关系,伤人又伤己。如果你的伴侣在以上三种价值观上存在和你不一致的地方,你们也需要协商好再探讨生育孩子的问题,否则不仅影响亲子关系,你们的婚姻也势必陷入水深火热之中。

2

你和伴侣在生育孩子的细节上能否达成一致？

如果你们的价值观磨合得差不多了，在你们真正付诸行动之前，也建议你们好好坐下来谈一谈细节问题，因为日后的很多冲突都是因为在生活细节上没有达成一致造成的，有四个重要的细节需要提前确认。

孩子的养育方式

孩子出生后，父母就要全面负责起他的养育问题。养育过孩子的都知道，新生儿必须二十四小时有人照顾，需要夫妻双方事先协商和安排妥当。

如果母亲选择不上班，全身心照顾孩子，又没有人帮忙，这位母亲的状况恐怕令人担忧。因为她需要不间断地陪伴孩子，喂奶、换尿布、洗澡等各种琐事都要亲力亲为、马虎不得，又因为小孩还不会说话，所以孩子的一切需求全靠猜测和求助来得到答案，这个过程一定让人觉得疲倦崩溃。

在孩子的养育问题上,绝无小事。哪怕只是细枝末节的事情,夫妻双方也需要沟通,否则将来嫌隙会不断滋长,直至演变为婚姻中的巨大矛盾。比如,妈妈十分在意孩子的食物是否营养健康,但是爸爸满不在乎,认为孩子爱吃就行。当妈妈频繁看到孩子在吃不健康的食物时,她会忍不住提醒爸爸去管管孩子,但是爸爸仍旧不以为意,这个时候双方就很容易发生冲突。

因此,要想给孩子营造健康的成长环境、让孩子养成良好的生活习惯,父母一定要先达成共识,一起努力,不然实施起来就会矛盾重重。不仅如此,孩子习惯的养成,是耳濡目染、环境造就的结果,在此过程中,父母要彼此校准,双方的观念不要形成太大的差异。

孩子的学习

在孩子的学习这件事上,你们的观念能否达成一致,又能否帮他养成为自己负责的习惯?包括将来他要上什么类型的学校,是私立学校还是双语学校,这些事都需要共同商量。虽然这些决定并没有绝对的对错之分,但是倘若两个人的想法天差地别,就会爆发巨大的家庭冲突。

我从小就读的是十分普通的公立小学,而我的堂兄妹、表兄弟们就读的都是昂贵的私立名校,他们一个学期的学费可以抵我三年的学费,但是最终我是整个家族里面学习最好、表现最优秀的。因此,孩子的天分是不会因外界环境被扼杀的。不过,夫妻双方还是需要事先讨论和了解对方的想法，先达成一致，尽量避免冲突。

至于课外学习的部分，孩子个人的兴趣和天赋才是一切的主导。父母可以鼓励孩子去尝试自己喜欢的东西，找到自己真正的兴趣爱好。切勿横加干涉，从旁指导。孩子三分钟热度实属正常，很多孩子都是在进行了多种尝试之后，才找到自己的兴趣爱好。

如果夫妻双方都认为，花钱学习就一定要学有所成，哪怕不喜欢也不准放弃，不能对不起付出的金钱，那最好就不要让孩子学了，免得给孩子留下心理阴影。

孩子的日常管教方式

如果孩子叛逆不听话，身为家长要如何处理？是小施惩戒，体罚警告，还是关小黑屋，让他深刻反省？这些都需要父母彼此达成一致。

我小时候也挨过父母的打，我的孩子小时候也被我揍过，当然都不属于发泄式的暴打，只是通过小施惩戒的方式告诉他，什么该做、什么是万万不能做的，但对这种教育方式我现在是深刻反思的。

父母发泄式地痛打孩子，尤其是因为一点小事或无缘无故就打孩子，这是万万不可取的，为了教育孩子而使用暴力同样非常不合适。我个人很反对用暴力对待孩子，如果回到从前，我断然不会再如此对待他们。虽然我被气到失去理智打他们的次数不多，但是我的两个孩子心里都对挨打的经历印象深刻。

我女儿回忆说："妈妈，你那天打了我以后，还带我去一棵大树底下吃冰激凌，那天的阳光很好。"这些细节她都记得清清楚楚，足以说明挨打是一件非常伤害她的自尊心和破坏她的安全感的事情。好在我平常一直是平易近人的妈妈，偶尔他们不听话胡闹时，气到打他们一下，两个孩子对我的信任也没有被轻易改变。

然而，当我深入了解后，发现一些被父母暴力对待的孩子会罹患一种名为"边缘型人格障碍"的心理疾病。因为时常被父母发泄式地暴打，甚至无缘无故就遭到暴力对待，出于自我保护，孩子的意识就会出现游离的状况，导致孩子没有办法发展出稳定而成熟的人格，他们会变得小心翼翼、极力讨好他人，内在毫无安全感，甚至常常生出莫名的恐惧。当他们步入社会，与他人之间的关系的建立和发展都会面临重重困难。

此外，关小黑屋的惩罚方式也有巨大的危害，可能会诱发孩子的幽闭恐惧症，让孩子怕黑、怕独处，进而造成巨大的童年阴影和创伤。

可以说，孩子的很多心理问题，都是父母教养不当的结果。因此，关于孩子的日常管教方式，父母一定要事先沟通好，不能等孩子出生后边养育边磨合，待伤害已经造成，一切就为时已晚。

夫妻之间的分工

夫妻如何分工照顾孩子，也是需要事先约定好的。比如，孩子尚小时，爸爸可能工作忙，无法每天关心孩子的日常起居，但是等孩子成长到一定年龄以后，夫妻双方在学业功课、心理成长、娱乐锻炼这

些事情上都要做一些约定，让爸爸在这个阶段承担更多的责任。

　　这些事情看起来都很琐碎，但是对一段婚姻关系的经营有着非常重要的意义。大家最好在婚前商量好各自的分工，比如爸爸负责陪他写作业，妈妈负责陪他玩，以免发展到丧偶式育儿的局面，或者两个人因为观念不同引发巨大的冲突。父母任何一方缺席了孩子的成长，将来都可能付出惨痛的代价。

　　我一再强调，婚姻就像两个人合伙开公司，孩子是你们的合伙公司用心经营的产品，如果你们的价值观相差太多，意见也无法统一，产品一定打造不好。你们共同的公司的利润，也就是家庭成员的幸福快乐指数也一定不高。

　　因此，请记得用你的理性脑在婚前把这些事情想清楚，并与伴侣协商一致。只有这样，我们才能既步入幸福的婚姻殿堂，又能以最好的方式抚育下一代。

第九章

原生家庭课题：
摆脱束缚，享受亲密

活出你想要的　　亲密关系

原生家庭不仅对每个人都有重要影响，更是决定婚姻质量的重要因素。在本章中，我想与大家共同探索和剖析亲密关系中原生家庭的议题。

原生家庭到底会如何影响我们的亲密关系，而我们又该如何疗愈原生家庭带来的创伤呢？

1 看清原生家庭对一个人的整体影响

发生在原生家庭中的任何事情,包括家庭成员之间的相处、互动模式,都会从小塑造一个人的个性,影响他的人格发展。与此同时,原生家庭也会左右个体的情绪管理能力,为其人际关系互动模式甚至婚姻模式奠定基调。

我们在原生家庭里形成的情感习惯和思维模式,被称为原生情结。受原生情结影响,有的人在选择伴侣时会走向两种极端。

一种极端是誓要找到与父亲或母亲性格截然相反的人作为伴侣。比如,女儿自小就见惯自己的父亲庸庸碌碌、受人欺负,和母亲相处时父亲总表现得懦弱无能,女儿的内心一定无法认同父亲。当她长大成人后,就会期望自己未来的伴侣是强势能干、能独当一面的人。在她内心深处,从小到大父亲表现出来的懦弱和无能是导致她痛苦的根源,她希望在自己的婚姻中不会重蹈母亲的覆辙,于是一心想找与父亲性格截然相反的人作为伴侣。

另一种极端则刚好相反。我有一个朋友,她的父亲是名军人,从小对她态度冷漠。可是,在寻找伴侣时,她仍倾向于寻找和父亲一样性格冷漠的人,而且最好是让她爱而不得的类型。她对我坦诚相告,每次看到别人的父亲送女儿去学校,分别时会摸摸女儿的背,对女儿温柔耳语,她就特别羡慕,赞叹世上怎么会有对女儿如此好的父亲。

在她的印象中,父亲好像从未与她有过肢体接触,也没有温柔地和她说过只言片语,所以长大以后她不习惯任何男人对她示好。之后,在毫不知情的情况下,她与一位已婚男士陷入爱河,他一直对她很好,但每晚一定会赶回家为妻子下厨。得知真相后,她一度怅然若失。

事实上,她在这段关系中是在重复自己童年的经验。因为既"不习惯"被男人善待,也不希望被男人虐待,所以最终她干脆选择收养几只宠物狗陪伴自己终老,从此不再谈论感情。

我们从小被人对待的方式,会让自己形成一种惯性,并在将来的生命中不自觉地重复、创造出同样的情境和感受,以此来体验童年的熟悉感,因而可以说我们每个人都要为自己当下所面临的情境负责。

很多人都在一定程度上内化了原生家庭中父母的行为方式,以至在亲密关系中,夫妻双方的行为、认知、情绪都会产生一连串的固定连锁反应。人们之所以总会把最糟糕的情绪留给最亲近的人,正是因为我们对最亲近的人是毫不设防的,才会毫无保留地显露出自己的本性。

我们从小感受最深刻的一份亲密关系,通常是和自己的照顾者之间的关系,也就是我们和父母之间的关系。长大之后,我们会不自觉地在自己的亲密关系中创造自己和父母之间的关系模式,或是复制小时候耳濡目染的父母之间的关系模式。

2

觉察自己在原生家庭中扮演的角色
——五种人格面具

在原生家庭里，通常每个人都会选择一个角色扮演，这会形成他在未来所有关系里面行为背后的驱动力。扮演角色时，我们需要人格面具，而这个面具一旦戴上，这辈子都很难脱下来。克里斯多福·孟老师曾讲过原生家庭中孩子扮演的五种人格面具的特点，内容十分值得深思。

"英雄"

这类人喜欢拯救别人，为家人操碎了心。比如，有些孩子年纪尚小，却天天担心父母的关系破裂，在他们发生矛盾时还想方设法充当和事佬。

记得小时候的我真是勇气可嘉。五六岁时，父母有一次爆发了激烈的争吵并大动干戈。我那时个头矮小，根本无法制止这场冲突，比我大四岁的哥哥直接吓到躲在角落哭泣,我却搬了一把椅子硬要把争执中的父母分开。他们见状就跑到另外一边继续争吵,但我还不肯放弃。

那个时候的我在原生家庭中扮演了英雄的角色,觉得拯救家庭就是我的使命。果然,这个面具戴上之后很难再摘除,成年后的我也以拯救他人为使命,尤其是当我毅然踏上个人成长的道路时,简直想发光发热拯救众生。时过境迁,我才恍然大悟,这个世界上没有人需要你来拯救,你只需要拯救你自己。

当你觉得外面还有人需要你拯救,那个人定然是你内在的缩影,是你内在尚未被整合好的部分。拯救别人也可能是让自己获得"认可"和"爱"的一种手段,哪怕自己说着不求回报,但还是常常陷入"我为你付出这么多,你怎么可以这样对我"的内耗情绪之中。

当我在个人的成长路上不断前行,并且修正自己的英雄角色模式后,我不会再似从前那般不计得失地付出。即使在有些事上我仍然尽心尽力地付出了,对于能否得到应有的回报,我也丝毫不在意了。

"小甜甜"

这类人喜欢讨好别人,是很会卖萌、容易让人满意的孩子,不仅讨人喜欢,还魅力无穷,长大以后也会延续这样的性格特质。

每个人的一生中,都可以扮演很多种角色,也可以佩戴多种面具。我的人格中亦存在"小甜甜"的分身,喜欢顺应别人的要求,让别人开心,且尽量与人为善,这是我从儿时起便在扮演的一个角色。

长大以后，这类人难免会变成老好人，不只常常委曲求全，还常常吃力不讨好。若想突破这个困境，要试着扯下"老好人"的面具，时刻谨记你不需要取悦每个人，自己开心才最重要。只有你过得开心，你才有能力照顾周围的人。

那么，该如何撕下"老好人"的面具呢？在此，我分享一个小小的技巧：当你不得不做所谓"坏人"，拒绝别人的要求、为自己的利益挺身而出时，抑或只是守住自己的边界时，请试着觉察你的身体感受。

也许，你会感受到汹涌而来的不适感，好似有人在重拳捶击你的胸口，抑或扼住你的咽喉，让你有窒息之感。要学会接纳这种感受，和它熟悉起来，接受它的出现和存在，然后尽管做你该做的事情——该拒绝的时候去拒绝，该划定界限的时候也要清晰划定。

通过不断地练习，你内在"拒绝的力量"和"捍卫自己权益的能力"会逐步提高，你会更加懂得如何在亲密关系里表达自己的真实需求。 若是处理和父母之间的关系，就更需要快刀斩乱麻。现代父母大多会利用"情绪勒索"和"情感绑架"来控制小孩，我的父母就曾是个中高手，还好我学会了果断拒绝和划定界限，总能适时地制止他们对我无限度的控制和需索。

以上谈及的两种面具类型是相对正向的，下面阐述的三种面具类型则较为负面，你可以对照判断自己是否扮演过这样的角色。即使曾经扮演过也没关系，我们可以通过觉知、成长、学习加以改变。

"隐形小孩"

"隐形小孩"是无声的孩子，在家里听不到他的声音。通常当家庭气氛比较紧张时，你会不自觉地戴上这种面具。

因为父母双方的愤怒的情绪似乎到达了顶点，家里四处弥漫着紧张的气氛，冲突也一触即发，你只能做个隐形的小孩，这才是最安全的选择。否则，处于烦躁状态的父母一旦留意到你，你可能就会成为他们发泄情绪的对象。

习惯了戴这种面具的孩子，长大以后也容易成为隐形人，在团体里毫无存在感，在群组里从不发言，在公共场合也表现得矜持含蓄，习惯让自己不被看见、不被听见，可以说将不被重视的角色扮演到底。

想要跳脱出这种角色模式，我们就要学会和"感受"同在。当你要为自己发声或是需要被别人看见，抑或想表达自己的需求时，你肯定会紧张兮兮，也许身体也会有相应的部位隐隐不舒服，你要试着辨认出这个部位以及记住它的感觉，接受这种感觉，并强迫自己走出舒适圈，做出改变。

能够这样做的人都是勇士，因为他们愿意挑战自己，尝试打破自己的惯性，即使暂时不舒服，但最终他会为自己赢来应得的、该有的、长久的幸福和权益。

"殉道者"

这样的人会习惯性地牺牲自己来成就别人,从小就异常懂事,为父母分担、为父母着想,会无条件地付出和满足父母的要求和期望,甚至还有一种极端的情况——有些孩子会罹患比较严重的疾病,借此挽救父母濒临瓦解的婚姻。

我认识一对经济实力雄厚的夫妻,他们的婚姻早已名存实亡,但是因为他们有一个孩子一直患有严重的慢性病,怎么医治都不见效,他们完全没有精力处理离婚事宜。作为朋友和旁观者,我很想和他们说,如果你们两个人能和好如初,也许这个孩子的病就会慢慢痊愈了。这听起来虽然玄妙,但又是有迹可循的。

也许是他潜意识里有这样一种想法,如果我身体抱恙,爸爸妈妈就要一起为我努力,一起关注我,这样他们就不会分开。这类孩子心里十分清楚父母不会不顾孩子的健康而离婚。于是,为了家庭的和谐与完整,孩子就会选择牺牲自己。不过,我并没有和朋友如实相告,因为我无法确定他们能否接受这样的想法。

倘若你在一段关系中,也倾向于牺牲自己去成全别人,你需要向内觉察自己的行为动机。是单纯为对方着想,还是希望通过自己的牺牲换取对方的感激,进而改变他的行为?让对方出于感激而改变,这个概率非常小。我已走到现在的人生阶段,还鲜少看到一个人会因为感激对方的付出而做出彻头彻尾的改变。

相反,大部分人都会因为对方的付出和牺牲而成为既得利益者。

既得利益者的惯常嘴脸是：我很好，我无须改变，你所做的一切都是你心甘情愿的，与我无关，我完全不需要改变我自己，更不需要回报你。

时常扮演原生家庭的"殉道者"的人，在未来的新家庭中也会不自觉地扮演这样的角色。一旦换不到他想要的感恩、尊重和爱，他就会感觉格外委屈，转而变成受害者的角色，感叹自己的人生怎么这么凄苦。

这是因为"殉道者"身上散发的牺牲能量，会被绝大多数人利用而非报以感激之情。看清楚这个血淋淋的真相后，你会考虑摘下这个面具，换一个角色来玩你的人生游戏吗？

"替罪羊"

有些问题小孩，顽皮、爱胡闹、爱招惹是非，着实令人生厌。其实，这样的角色也是在承接家庭的问题。比如，在他的认知里，只要自己制造出一堆麻烦，爸爸就只会打他而不会对妈妈暴力相向，甚至无暇和妈妈争吵，因为父母要优先处理他不听话这件事。自愿成为"替罪羊"的小孩很可怜，你可以看看自己的伴侣是否从小就戴上了这种面具，倘若如此，遇到合适的机会要提醒他向内觉察。

当然，我自始至终提议的都是自我负责、修炼自己，而不是改变对方。切勿对内在成长略知一二，就粗暴地指责对方、残忍地揭露对方的问题，这无异于在他们的伤口上撒盐，任谁都无法接受。

我们要聚焦于自己身上、向内探索，觉察自己是否扮演过"隐形小孩""殉道者"或"替罪羊"的角色，继而思考你是否还要在当下的亲密关系里继续扮演这种角色，因为这三种角色模式都只会让你在婚姻和个人生活中一败涂地，尤其是"替罪羊"的角色模式最残酷。

"替罪羊"的角色，从小就要担负起家庭的所有问题，长大之后心态可能发生大转变，宁可自暴自弃、变成躺平青年，利用自己的失败或意外惨剧来狠狠报复童年时遭受的种种责难和被迫承受的压力。这种潜在的心理模式很难被改变，除非当事人怀有无比强大的决心和勇气，在专业心理咨询师的帮助和自己的不懈努力下，或许当事人有机会渐渐挣脱童年的梦魇。

除了以上五种人格面具，我还观察到——曾经在原生家庭中被虐待长大的人，在进入亲密关系后，反而会成为施虐者，这是一种细思极恐的现象。当然，也有一些人童年经历不幸，进入亲密关系后仍持续被虐待。

倘若你儿时曾被父母百般挑剔甚至殴打，或者情感上父母对你冷漠而疏离，长大以后你就会不自觉地用同样的方式对待伴侣，即便他痛苦万分，可你自己还处于无知无觉的状态。曾经，某个脱口秀男明星自曝妻子经常虐待他殴打他，导致他重度抑郁，瘦了几十公斤，但是妻子本人并不认为自己的行为是施暴或虐待。

我还认识一位女性朋友，她从小一直遭受母亲的精神虐待，身心都备受折磨。在亲密关系中，她也无法正确地处理自己和伴侣的关系。她还常常嘲笑前男友现在的妻子，在精神内耗中变得消瘦不堪。而且，当她和现任老公在一起生活后，也仍因各种原因骨瘦如柴。

其实，她在亲密关系中会不自觉地对自己的伴侣进行精神虐待。因此，切勿轻易相信和同情那些童年有悲惨遭遇、长大之后还对过往经历耿耿于怀的成年人，他们都会不自觉地将负面的能量传播给身边亲近的人。

总之，和自己的原生家庭和解至关重要。我们容易在亲密关系里，无意识地把爱人当成小时候的父母，继续和他完成我们未完成的课题。

大多数人都在不知不觉中，复制着原生家庭的思维方式和行为模式，并一代代地传递下去，进入无法挣脱的闭环之中。无论何时，我们都要带着觉知和意识，以及坚强、勇气和毅力让自我获得成长。

3

如何从原生家庭的不良互动模式中解脱出来?

看清自己的潜意识模式,在日常生活中保持觉知

原生家庭对每个人的影响都不可小觑,因此在亲密关系中,我们要学会带着觉知和伴侣相处,并愿意探究和发现原生家庭给自己带来的负面影响。

我们要在不断的自我觉察中,逐步改变自己的应对模式。比如,在亲密关系里,要有意识地探查自己的言行是否会伤害到伴侣,伴侣为何会做出这样的反应,双方争吵的起因和背后的动力分别是什么,以及该如何避免下次重蹈覆辙。

这是一个漫长的过程,并非有觉察的意识就能一蹴而就。起初产生冲突或者出现问题时,我们或许还是会本能地做出反应,继续用旧有模式来回应当下的情境。希望你不要轻易气馁,事后复盘亦是学习良机。思考冲突是不是被原生家庭的模式触发的,如何在之后的同类情境中带着觉知去应对,从而避免它再次无意识地发生。当你慢慢地

从后知后觉，进步到当知当觉甚至先知先觉的境界时，你就掌握了亲密关系里自己情绪的主导权。

🌸 和自己的父母和解

和自己的父母和解，是个庞大的议题，建议大家参阅我的作品《爱到极致是放手》，这本书里谈到了我和父母和解的过程。

与父母和解，有几种不同的方式。首先，要放下。我不否认有些人确实枉为父母，不仅人品素质堪忧，还毫无觉知和意识，甚至到老都执迷不悟。虽然不一定要和这类父母和解，但必须在心里放下他们，不要继续被他们影响和束缚。

通常，我们无法放下父母的原因是对他们还心存期盼，希望他们最终能承认自己犯了错，或者做得不够好，不是好父母，希望他们之后仍能给予你一点点你想要的爱和温暖。然而，事实上，他们可能一生都不会改变，只会让你一直失望，所以不如在心里将他们彻底放下，这也算是一种和解。

其实，真正意义上的和解，是你能理解父母的不易，接受他们能力有限的事实，坦然面对他们根本不懂得什么是爱的真相。与此同时，你要为自己的快乐负责，并愿意从心里放下父母。

还有一种放下叫臣服，即真正地接受。只有放下对父母的期待，才能看到——原来他们在每个时刻都努力在给你最好的关爱，但是他们能力有限，做不到，做不好，或者根本不懂如何关爱你。所有的一切,都会成为你命运的一部分。接受这是自己的命,并臣服于它。

真正地臣服之后,你才不会不甘心、不情愿,而是能够归于中心、不带期盼地去面对当下的他们。当你心里放下对他们的期望和依赖时,你才能真正成长为情绪成熟的成人,不会再为自己幼稚的情绪不断买单。

回溯过去,摆脱原生家庭的创伤

面对外在的人事物,当你做出过于强烈的情绪反应,或是出现不符合现在的年龄的情绪反应时,一定是原生家庭带来的问题。

我常常看到很多男人,只要伴侣一生气,他们就表现得手足无措。然而,由于自尊心作祟,男人通常不愿袒露自己手足无措的一面,所以表现出来的就是:你生气,我也生气,甚至我比你还愤怒,还可能远离你,对你采取冷暴力。只要不去承受伴侣的怒气给他带来的无力感即可。

这通常是因为他儿时有一位脾气暴虐、难以被取悦的母亲。他自小在母亲面前就束手无策,看见母亲发怒,年纪尚小的他不知如何是好,只能无助地承接母亲的怒气。长大之后,再碰到这类女人,即使她只是佯装生气,只需他说几句动听的话,乖乖认个错,她就会破涕为笑,双方便能重归于好,但他明知如此,也不愿这样为之。因为这样的状况会触碰到他童年创伤的按钮,让他回归童年,退化成无计可施、无法做出正确反应的小男孩。童年时可能还只有五岁的他,看到

母亲生气，无计可施，长大以后他便暗下决心，绝不会因为女人生气就去哄她。

其实，正确的做法应该是，当伴侣怒不可遏时，要生出高度的觉知，不要再让自己退化到五岁时的幼稚状态，要适时提醒自己：我已经成年，爱人生气了，这只是她索求爱的一种方式，她正处于痛苦中，需要我去化解她的负面情绪并抚慰她。我是成年人，我有能力这么做。然后，硬着头皮尝试一次，如果女人识相地配合你，接受你的抚慰，那便是双方关系走向良性循环的开始。

妥善处理被抛弃感

倘若伴侣原本答应陪你，但因为有朋友临时邀约，便立马改变主意，转身对你说抱歉，你可能会出现强烈的情绪反应，愤怒或悲伤的情绪难以抑制，甚至感觉对方不爱你、不在乎你、为赴朋友之约而抛弃你，这时，你需要向内审视，因为如此强烈的情绪反应和成年人的情绪成熟度不相匹配。坦白来讲，你们未来在一起的日子相当漫长，这种临时爽约和失信，又有什么非计较不可的呢？

试着回观自己：儿时的你是否被父母"抛弃"过？比如，将你送至全托学校就读，送你到奶奶家度过整个假期，或者答应暑假带你游玩结果却一再失约，或者父母为了生计背井离乡去工作，导致你长时间和父母相隔两地，甚至因意外再无见面的机会。这些经历对幼年的孩子而言都是一种"抛弃"。

你可能正是因为童年"被抛弃"的创伤没有得到疗愈，才会对爱人偶尔的失信行为如此没有忍耐力和接受力。你需要回观过去，去理解、看见并疗愈童年未愈合的创伤。

现在的你已不可同日而语，眼前的人也不再是需要承担抚育责任的父母。你已经长大成人，有资源也有能力去面对这类情境。**如果你还沉溺在过去中，看不见自己已经长大、已然不是那个手无寸铁的弱小孩子，分不清楚现在和过去的不同，那你依然容易被过去的旧有模式牵制，只能反复去体验过去遗留的痛苦和创伤。**

找到彼此之间最好的相处模式

两个人在亲密关系中碰撞磨合后，会发现有些问题可以技术性地加以解决。不论何时，我们都可以用更有智慧的方式去解决亲密关系中的问题，而不是不经过思考就爆发激烈的争执，这样既伤感情也伤身体。

每个人遇到的问题截然不同，每个人解决问题的能力也存在差异，我虽然没有办法告诉你通用的法则，但是只要你能够调度好你的新脑（即理智脑），放下你儿时留下的情绪创伤，理性地看待眼前的问题，就一定能够找出技术性的解决方案。

在亲密关系里，双方要建立良好的情感联结，最好能看见和接纳彼此，觉察彼此的情感和情绪状态，理解彼此的感受并由此找到良性的情感互动模式，进而满足彼此的心理需求，这在亲密关系中是至关

重要的。

切勿和爱人总是因为生活的日常琐碎之事纠缠，要直抵对方的心灵深处，进行灵魂的沟通。倘若你们都能做到这一点，双方的关系就会有很好的发展空间，亦不会被动复制原生家庭里父母婚姻的相处模式。

愿大家都能够成功地脱离原生家庭的不良互动模式，拥有全新的、美好的亲密关系。

第十章

外遇课题：
知道得越多，就看得越透彻

活出你想要的　　亲密关系

在现代婚姻里，不只男人有可能外遇，女人有外遇的情况也很多，外遇似乎已经成为大家司空见惯的现象。在亲密关系里，如果我们不幸要修炼关于外遇的功课，该如何面对呢？如何做才可以避免为外遇所苦呢？

首先，我们需要去了解和外遇相关的事情，我们知道得越多，就越容易理解、看透，也越能够公平公正地去看待这类事。

1

关于外遇，我们要明白四点

🌸 没有人是为了外遇才结婚的

当初和你一起走进结婚礼堂，信誓旦旦地说要和你共度一生、对你忠诚不渝的人，和后来背叛你、弃你而去的人，其实是两个不同的人。

当不得不面对"外遇"这种事时，当初的美好期许也瞬间崩塌了，很多人都会倍感崩溃。其实，人都是有多面性的，当我们年纪渐长、见识越广，就越能够去理解，甚至去包容对方。其实，不论是外遇方还是被外遇方，在面对外遇时，都会显化出和平时截然不同的人格。很多人在外遇中，会展露出日常生活中无法展露的另外一部分人格，比如喜欢冒险、追求刺激的那部分自我。而被外遇的人，则可能被引出平常不会显现的人格黑暗面或被激起埋藏较深的心理创伤。

外遇之所以有吸引力，除了激素作祟，还在于它会成为很多人当下的救赎，给了人缓解压力的空间。比如，暂时逃离夫妻之间枯燥、平淡、让人烦闷的日常，会让人有喘息的空间，而那些令人压抑、不

愉快的事情，好像可以借由外遇得到调剂，暂时被放下或者遗忘，让这段婚姻得以持续向前。

每个人的性格不同，有的人会忠于他的承诺，可以为此忍受平淡的生活，过着一成不变的日子，但也有人既无法忍受这样的生活，又担心离婚带来的严重后果，那么外遇就成了他暂时逃离婚姻的一个出口。如此说，并非为外遇之人找合理的借口，替他们推脱责任，而是让我们借此看清楚外遇背后真正的原因，避免外遇的发生，或是在它发生之后，不让自己过于崩溃，用更好的心态去面对。

外遇不仅仅是为了寻求刺激和愉悦，还包含了获得优越感和报复对方的目的

外遇的吸引力加上求而不得的好胜心，就是激情的最佳保证。然而，我们有所不知的是，外遇本身还会让当事人产生优越感，甚至获得报复的快感。

为何外遇会成为报复对方的方式呢？在亲密关系里，倘若一方处于绝对的优势地位并为伴侣倾力付出，但对方无以为报，而且强势的伴侣常常负面情绪爆棚，处于弱势地位的伴侣则不得不收敛坏脾气，那么外遇就会成为弱势的一方平衡内心不满、发泄和报复的方式，外遇对象的仰慕能适时地带给他些许安慰。

我听过一个极端的案例。有一家连锁美容院的老板娘，精明能干又会赚钱，老公甘居二线做家庭主夫。老公平常对她体贴入微、百依

百顺，不仅人长得帅气，年纪还比她小。可是，有一天，她突然从美梦中惊醒，陷入梦魇之中。原来，她发现端倪时，老公已与自己身边的多名女性有外遇之实，其中包括她的客户、家中的保姆、闺密，甚至她的员工、店长。对女性而言，这是一种无法想象的信任灾难，所以一夜之间她的内心世界全部崩坏。

也许这个男人需要寻找让他能够展现雄性激素的地方。平时，他表面上完全屈居于自己的妻子之下，内在却需要足够的智慧、强大的力量来平衡自己的不满，如果他尚且不具备这些条件，就需要用一些比较低级的方式，比如外遇，来使自己在两性关系当中取得心理平衡。

值得玩味的是，每次当我提到这个案例时，在场的女人都会为这位女老板一掬同情之泪，但是男人的第一反应都是：他是如何做到的？艳羡之情溢于言表。男女之别，在此尽现。

因此，在一段严重失衡的亲密关系中，男女双方都需要检视对方是否在采用一些不好的方式来平衡自己内在的感受。

外遇在某个层面来说，是夫妻双方潜意识里的一种共谋

这句话是很多灵性老师说过的，而这句话的本意是，夫妻双方都可能想要外遇，只是比较大胆、不受道德拘束的那一方先采取了行动。

为什么夫妻之间会有这样的潜意识共谋呢？曾有一位心理学家说：这种共谋，其实源于双方想要更进一步地靠近彼此的想法。他们的内在想要了解——如果我这么做了，你能够原谅我吗？你还能够接

受我吗？这也是亲密关系中的一种试探吧。

也许，走过外遇伤痛最好的方式，并非去责怪对方，让他永世不得翻身，而是把外遇当成了解婚姻、理解对方和探索自我的一种途径。它能够协助婚姻中的双方去理解：为什么在我们的婚姻当中，无法获得在外遇当中能得到的那种快感、活力、喜悦和刺激呢？

当我们找到了答案，就会发现里面包含了我们可以共同努力奋斗的目标，它可以帮我们对婚姻关系做出有建设性的检视，并且创造和伴侣一起努力修复关系的机会。两个人能一同成长，更加理解和接纳对方，让彼此再爱一次，这是最重要的。

在婚姻里，如果能把外遇处理得当，便可以把危机转化为转机。借由外遇看到自己的婚姻当中被长久的平静无趣的生活掩埋起来的可能性和不可能性，这就是外遇可以为你带来的增长智慧和获得成长的机会。

大多数人一贯的想法并不能解决实际面临的问题

对于外遇，大多数人一贯的想法是：外遇是背叛，背叛有罪，有罪的人应该受到惩罚，并且彻底赎罪。可是这样想，并不能解决我们所面临的问题。外遇会为亲密关系带来致命的打击，双方都会成为受害者，所以了解外遇的本质，比谴责和分手更具有建设力和疗愈力。

如果对外遇一味地进行批判性的谴责、强硬的报复，不但双方没有办法利用这个机会深入理解对方，当被出轨的一方过度沉溺于自己的冤屈、痛苦、嫉妒当中，始终和伴侣势不两立时，对双方和各自的家人都毫无益处，甚至会深深伤害到孩子。或许，外遇会让婚姻终结，但它也有可能为婚姻开启另一个新的篇章，这取决于当事人是否有足够的勇气、智慧和毅力去面对外遇的问题。

现代的婚姻都太沉重，我们往往会给伴侣很高的期望，不仅要伴侣给我们足够的安全感，还要伴侣能够爱我们、重视我们；既能跟我们在精神层面进行沟通，共同承担生活事务，还可以理解和安抚我们的个人情绪；不但是我们最好的朋友，还是我们贴心的知己、可靠的伴侣、深情的爱人……可是将这么多期望放在同一个人身上，是毫无可能被满足的。当我们真正步入婚姻后，就会果断地放弃这种幻想。倘若婚姻之外突然出现让我们燃起爱的火花的人，情况通常就变得一发不可收拾。

在婚姻中，亲密感和新鲜感，安全感和刺激感，通常是无法共存的。相比之下，基于物质动机建立起来的婚姻，通常比基于吸引力和爱建立起来的婚姻更加坚固。抱着婚姻就是合伙开公司、做生意的心态建立的婚姻，会比纯粹因为喜欢和爱、想要跟他天长地久而建立的婚姻稳固得多。

如果我们在结婚之时，给对方赋予太多意义、太多责任，那就注定会在婚姻中收获失望。当对方承担了过多的期望和责任之后，可能会想一逃了之，而逃跑的方式之一就是外遇。

2

倘若被出轨，会触碰你内在的什么感受？

被出轨时，我们通常会感受到无尽的悲伤，陷入自我怀疑中，屈辱感、占有欲、竞争心、报复心交织在一起，想亲手毁掉对方的事业、报复他的家人甚至迁怒于他的朋友，情绪无法自控时甚至对其暴力相向。

得知被出轨时，有报复心实属正常，可是倘若你的报复行为会先伤害你自己和你所爱的人，而不是你真正想报复的那个人，就需要三思而后行了。我们可以允许对方犯错，但不要将自己变成原本不想成为的那种人。

其实，很多人被出轨后，最大的痛苦来自"我不够好""一定是我有问题"的自我怀疑感。我希望女性朋友们即使面对被出轨的课题，也不要自我怀疑，要坚信自己是值得的，不能因为对方的外遇行为就否认了自己的价值。

当年，我得知自己被出轨时，感受到的是彻彻底底的寒心，那时的我对人性产生了巨大的怀疑。我实在无法相信，自己掏心掏肺对待的人，居然会用这种方式在背后宣泄他在我们的关系中的不平衡感。

尽管如此，我也没有怀疑自己魅力不够或是没有价值，只是对丑恶的人性赤裸裸地展现在我面前感到震惊。

现在的我，当然能够理解。可在当时，我还是承受着信任感粉碎之后带来的巨大痛苦。但我知道所有的痛苦，都是来帮助自己修炼的。也正因我体验过低谷时的感受，后来才能够更加理解别人的痛苦，用更多慈悲心和包容心去对待别人。

万物皆有裂痕，那是光照进来的地方。不要惧怕痛苦，兵来将挡，水来土掩，相信不论什么样的痛苦，我们一定都扛得住。正如有一句话所说：凡是杀不死你的，都会使你更加强大。我们一定要让自己因为痛苦的经历而蜕变得更好，而不是白白吃苦。我们的阅历、智慧以及包容和理解他的能力，都是来自苦难的磨炼，而它们能够让你成为一个由内而外散发智慧光芒的优雅女人。这才是我们最终想要的，而不是和一个不值得的男人纠缠，在怨怼和愤恨中过一辈子。

3

外遇的种类有哪些？我们该如何应对？

其实外遇也有很多种，分为有意的和无意的、认真的和不认真的。

如果外遇的一方是有意又认真的，那一定是婚姻内部出现了重大问题，他已经心灰意冷，决定另起炉灶。如果外遇的一方是无意但认真的，也许表示你跟他的缘分仅止于此，他们的缘分则比较深。所谓缘深缘浅，立见分晓，对这种情况希望你坦然放下，而不要过于执着。

还有一种类型是"不认真的外遇"。"不认真的外遇"又分为两种情况，一种是有预谋的惯犯，是故意为之，并且已经发生多次，反复试探你能否容忍他；还有一种是无意间发生的外遇，他并非故意为之，也许只是喝多上头、出差一时兴起犯的错。

一方有了外遇，夫妻分手最后又复合的案例我看过很多，不论是有意的还是无意的、认真的还是不认真的，都有复合的机会。只要你把焦点放在"如何让自己现在的生活过得更好"上，事情一定会有转机。即便对方一时真的铁了心要离开，我也建议你至少拖个两年再离婚，尤其是在你们已经有孩子的情况下。

现在离婚也要先度过一个月的冷静期。对方可能因为在婚姻中受到过多束缚，感觉太过压抑，当碰到可以给他希望并让他燃起热情的对象时，一开始他肯定异常兴奋，但是你要看他们相处一段时间以后他是否依然如此，如果你能耐心等待，事情还是有回旋的余地的。

我老家有一对夫妻，男方有外遇，女方也没闲着，因为都是公众人物，所以新闻一出闹得沸沸扬扬的，双方都很难堪。可是，女方后来在脸书上晒出了一张全家福，那时孩子刚考上大学，她跟老公一同到机场送孩子。面对纷纷扰扰的过往，两个人居然还能重归于好，最终相携走下去，实属不易。

由美国甜心梅格·瑞恩主演的电影《女人们》，讲述的便是一个铁了心要离开老婆的男人最后回心转意的故事，有兴趣的朋友可以去看看。我想说的是，我们的每个行为、做的每件事情，都要为将来能够过得更好铺路，为了让彼此都能够变得更好而努力。如果你的所作所为都是基于此出发点，我相信你的亲密关系一定可以经营得很好。碰到另一半有外遇时，大家都会处于低谷期，你唯一能做的就是从低谷中重生。

4

如何避免被出轨？

我们谈了很多关于"外遇"的事情，但无论如何，没有人希望在亲密关系里遇见如此心碎的功课。想要避免被出轨，该怎么办呢？

> 防御外遇最好的武器就是
> 有能力接受对方的外遇，同时，保持自己外遇的可能性

这个方法听起来很荒谬是吗？可事实就是如此，你有足够的能力去接受对方外遇的事实，就是防御外遇的最好武器。与此同时，你要持续保持自己对异性的吸引力，让自己随时有被追求的可能性，这会给对方造成一定的心理紧张感和压力。

我曾说，不能让一个男人成为你生命的全部，尤其是你生命中的幸福不能完全来自他。这样你接受对方外遇的能力就会大大地提高，同样的情况下，你抵抗外遇的能力也会提高。不过奇怪的是，这样反而会使对方外遇的概率大幅降低，这是因为男人最需要"征服感"和

"挑战感",当他觉得无法完全掌控你,他想要外遇的冲动就会大大降低。

在婚姻和亲密关系里,要警惕男性处心积虑所做的伪装,也要给彼此适当的时间和空间

给予彼此适当的时间和空间,绝非对伴侣不闻不问或过度相信。远距离的关系之所以容易出现问题,是因为在过分的信任之下,他可以轻松隐藏不想让你知道的事,而你对那些迹象常常视而不见。

给予彼此一定的自由和张弛有度的爱,很有必要,但也要警惕男性处心积虑所做的伪装。 几年前,在泰国发生了一起一名孕妇被老公推下悬崖、奇迹生还的事件。其实,男人当初之所以追求女人,就是觊觎她的钱财。男人佯装爱她爱得不可自拔,有一天女人一觉醒来,发现昨夜对她依依不舍的男人竟然窝在她的大门前睡了一夜。她不解地问他为什么,男人深情地回答:"因为我太舍不得你了,想早上起来第一眼就看到你。"

这个女人的芳心当即就被男人俘获了,在之后交往的过程中,男方也对她呵护有加、百依百顺,但最终她发现他只是想谋财害命。虽然女人侥幸躲过一劫,但细想这段感情真是万分凶险。

因此,结婚前,我们一定要看清楚我们所选的男人的本性,切勿被他的虚情假意和拙劣演技迷惑。结婚以后,还要给予彼此适当的时间和空间,因为你越是追着他、限制他、不给他自由,他就越向往自

由，这就是男人的天性和本性。

> 防止被出轨的方法，是让对方明白外遇的严重后果，让他清楚一旦他有外遇发生，自己绝不会回头

  防止伴侣外遇最好的策略，是加重他的外遇成本。在他有外遇前让他知道：一旦你有外遇被我发现了，我绝对不会原谅你。我平常不会查你、监视你、管束你，但你外遇一旦被我发现，我就绝不会回头。

  那么，怎样才能加重他的外遇成本呢？首先，和他的家人、朋友相处融洽；若有机会，和他事业上的同事、老板、合作伙伴建立联系和友谊。倘若你可以助他的事业一臂之力，也是不错的加分项。一般而言，男人对事业的重视程度远超感情，他们更爱事业成功带给自己的面子和成就感。如果你能为他的事业锦上添花，他的外遇成本就会显著提高。

  其次，如果你们两个人有共同的孩子，他外遇的成本也会比较高。最后，如果他在生活起居方面十分依赖你，失去你就会让自己变得步履维艰，那么他也会为了避免麻烦而远离外遇。当然，我并非建议你变成他的贴身保姆，而是在生活起居的细节上，请给予他细致入微的关注和关怀，让他觉得生活缺你不可。

  我曾经遇到一位和我年纪相仿、受人敬仰的商业大佬，他有个朋友曾和我坦言，这位商业大佬早年其实很想离婚，但是倘若离开糟糠之妻，他恐怕连日常照料自己生活的能力都不具备，平常在家他可是

连袜子放在哪里都不清楚。因此，他定然盘算过离婚利弊，权衡之后觉得难以承受分手和外遇将带给他的损失，就断然放弃了。

两个人可以事先约定，有外遇的一方，离婚时需要净身出户

离婚时，财产分配倾向于被出轨的一方，也会在一定程度上加重外遇一方的离婚成本。

有一次乘坐飞机时，我遇到一位航空公司的机长，他是外籍人士，老家在中南美洲。他跟我讲述了自己的情史，让我帮他分析和指点。他坦言他现在的女友是位年轻漂亮的空中乘务员，他们两情相悦，但是他一直无法从婚姻中脱离。他前一位空乘女友，在苦苦等候他九年后毅然决然嫁给了一位男性空中乘务员。他短暂地伤心和怀念后，转眼之间就交了一个年纪比他小近二十岁的新空乘女友。他始终不愿离婚的最重要的原因，是在他所在的中南美洲国家，离婚要花费重金。我感觉他是心疼那笔钱，才迟迟不肯离婚。

换作我，倘若婚姻走到了名存实亡的地步，而我的男人因为怕支付巨额金钱而不离婚，我不会想委曲求全继续留在这样的婚姻里。我的第一段婚姻结束时，我几乎是净身出户的，虽然前夫是有钱人，我离开他就一穷二白，但我依然坚定地挣脱那段不适合我的婚姻。

在婚姻中，每个人的情况不尽相同。有人宁可守着失败的婚姻到老，幻想老公年纪大了就会回心转意。可是，倘若因为外遇，两个人之间有了裂痕，平常相处得像仇人或毫无交流的陌生人，我认为这样的感情早已难以修复。

其实，每个人心里都有一把尺，两个人能否重修旧好，你再明白不过。有的人不肯离婚，只是因为咽不下这口恶气，不想轻易成全对方离婚再娶。倘若出于报复的心理而不离婚，最终你自己也不会过得开心。报复是一把双刃剑，当你将剑刺向别人的时候，另外一面一定是刺向自己的。

倘若在亲密关系里，我们不幸被出轨，希望大家都能够妥善处理，让事情有个圆满的结局。如果真的缘尽情了，放手也未尝不是一种选择，不过这需要很大的勇气和毅力。

第十一章

分手课题：
当我们不得不面对分离

活出你想要的　　亲密关系

分手在亲密关系中，几乎是每个人都会经历的痛苦过程。当一段恋情告终，我们不可避免地会生出不舍、遗憾、痛苦甚至愤怒等多种情绪。在分手这门功课上，很多人困惑不解的问题大概有三类：

为什么有些人彼此相爱，还是会分手？

为什么有些人明明不爱了，却不敢提分手？

在亲密关系里，如何做才可以避免被分手？

关于这三个议题，我要将多年的体会与心得与大家分享。

1

为什么明明彼此相爱,还是会分手?

🌸 可能和一方或者双方的性格特点有关

亲密关系中如果一方是有人格障碍的人,两人通常难以长久和睦相处。如果另一方的容忍度不高或者是知难而退的类型,这段关系就无法长久。

在人格问题里,缺乏安全感、人格不稳定的边缘型人格的问题最为严重。边缘型人格的人,心理健康状态堪忧,常常在自恋型、分裂型、多重性、躁郁型的人格障碍边缘游走。即使双方深爱彼此,但由于一方太没有安全感、内在自我极不平衡,并且性格不稳定、情绪常常阴晴不定,会造成两个人之间矛盾冲突不断。

我看过一种情况,亲密关系中的一方不断地把自卑感、匮乏感、不安全感投射到伴侣身上,也许他不会直截了当地找伴侣的麻烦,但是总对伴侣的朋友一脸嫌弃,总在伴侣面前表达自己对其朋友的不悦和厌恶。因为深爱伴侣,他也会费尽心机地讨好伴侣,即使伴侣未索

取分毫，甚至对他做的事毫不知情，他也会极力地在伴侣面前展现自己劳苦功高的一面。如果伴侣没有报以感激之情，他会生气不已。当伴侣不赞同他的意见，甚至绕过他征询别人的看法时，他会心怀怨恨，也会因内心受伤而伺机报复，言谈之间也总会与伴侣针锋相对，甚至编造一些莫须有的情境，把自己塑造成受害者。

有什么办法可以化解这样的局面呢？倘若明明知情，还要义无反顾地与性格存在缺陷的伴侣在一起，切记需要降低对伴侣的期望值，尤其不要赋予这段关系太多沉重的意义。否则，伴侣的一言一行都会被你无限放大，即使是一句无心的抱怨、一个幽怨的眼神都会令你十分在意。当他频繁地和你闹情绪、时不时摆臭脸时，你的情绪也会随之起伏不定。

有的女人对伴侣过度挑剔

我见过很多案例，明明伴侣各方面条件都很好，但不论伴侣如何做，另一方都百般不满、无理取闹，一直用各种责备和埋怨，让伴侣感觉心灰意冷，直至对这段关系失去信心。即便如此，另一方不但不做任何反思，还往往反过来指责伴侣"一点都不爱自己"。这种情形在女性身上比较常见，毕竟相比事业，女性更注重亲密关系，对伴侣的期待也更高。

面对这种情形，男性念及家人、孩子以及过去多年的感情，也许会勉强留在妻子身边，但是当耐心被让人疲惫不堪的婚姻消磨殆尽时，他就可能发生外遇。当外遇成为事实，又恰好被没有安全感的女人发现时，她就会认定自己不值得被爱，这段关系也会变得更加让人痛苦不堪。

在我看来，倘若因为这种挑剔和不满足分手，相当可惜。其实双方并不存在实质性的问题，只需要女人觉察到：自己的无理取闹才是亲密关系出现问题的主要原因，婚姻破裂的责任不应该由男方独自承担。女性需要不断地自我成长，不能一辈子都做恃宠而骄的公主。

在没有第三者介入的情况下，伴侣突然提出分手

在亲密关系里，可能会有一方突然执意提出分手或者离婚，但是给不出恰当的理由。这里所说的"突然"，主要是被分手的那方觉得突然，要求分手的那一方可能已经酝酿许久。在这种情形中，我们需要注意的是，要分手的一方可能是将分手或离婚作为一种手段，希望对方能够像当初两人恋爱时那般爱他、对他好、在意他。也可能因为两个人日久倦怠，或者婚后对方更加专注于事业或孩子，才疏于经营两个人之间的关系。

对男人而言，通常事业和兴趣爱好是他们获得自我成就感最多的地方。结婚以后，生活变得安定，男人自身也对婚姻忠诚，不渴望太多激情发生，此时婚姻对他来说，一切尽在掌握中，所以他不会再像热恋时一样倾尽心力对待伴侣了。

此时，如果伴侣没有用耐心和智慧引导另一半，和对方进行深度沟通，改变当前的相处模式，很有可能某一天对方就突然觉得日子难以为继，一定要离婚或者分手才肯罢休。有一个朋友和我谈过他的经

历,他的老婆有一天突然提出要离婚,而且非离不可,态度非常强硬。可离婚以后,她回想起老公的好,真是悔恨交加,想和他破镜重圆。然而,由于离婚时,妻子的做法已经深深伤了他的心,所以他并不愿意再复合,哪怕周围的人纷纷劝他回心转意。

在亲密关系里,即使我们对一个人的言行心存芥蒂,厌恶他的某种态度,也千万不要完全否定他的个人价值。毕竟,"感觉"是会骗人的,而两个人的感情也不能光靠"感觉"来维系。如果一时冲动就终止关系,将来可能会因草率的决定而悔恨终生。当时过境迁、物是人非,就难有转圜的余地了。

如果双方已经存在嫌隙,切勿一味地无理取闹,一味地抱怨对方有多差劲,一味地在心里否定对方,然后坚定地选择离婚,表现出一副无论如何你都不会回头的样子。其实,有时两个人底层的爱依然存在,只是双方都需要一些时间冷静和沉淀,唤起记忆中步入婚姻时伴侣的亮点和优点,重新找回两个人热恋时的感觉和激情。

关系中出现了第三者

为什么非常相爱的两个人之间,还会出现第三者呢?有时对男人来说,第三者只是一种生活的调剂。他想在关系里寻求刺激,想要调剂一下自己平淡无趣的生活。

如果女方发现男方出轨,通常都会要求离婚,但大部分男人往往并不想就此结束婚姻。他们会承认过错,想要挽留妻子,希望妻子再给他一次机会。有的女性无法忍受背叛，态度十分坚决，一定要离婚才能泄愤。

建议女性分析下伴侣出轨的原因，看看它是否映照出了你们的关系中本就存在的问题。比如，双方的性生活是否和谐、彼此之间的付出和给予是否极不平衡。一个完全牺牲自己、将自己奉献给家庭的女人，在男人眼中并不具有任何性感的魅力。还有一种情形是，女人比男人更加优秀，作为伴侣会因为自卑想从其他女人身上找回优越感。不过，还有一类男性已是出轨的惯犯，他没有办法乖乖地待在任何一个女人身边，他本性浪荡，喜欢拈花惹草。

当女性遇到伴侣外遇的情况时，可以先冷静一下，暂时脱离这个戏剧现场，冷静一段时间，然后理智地分析原因，再决定你们两个究竟还要不要走下去。也请思考一下，他身上的优点是否值得你原谅他一次。如果他还未成为惯犯，只是偶发性地用错误的方法发泄自己的不满或调剂生活，那么你可以想想，未来他是否可以用其他更加正向的方式达到同样的目的，而非选择外遇这种伤害你至深的方式呢？如果你对这段关系还有留恋，那双方就有沟通和商榷的空间。大多数情况下，婚姻都是可以被挽救的，如果确实无法继续，等待一段时间再分手或离婚也为时不晚。

家人的干涉

家人的干涉也会成为两个人相爱却不得不分手的原因。在婚后比较常见的情况是，丈母娘或婆婆的各种干涉，让原本感情很好的夫妻之间产生了裂痕。这种问题要彻底解决，做子女的要学会剪断连接自己和原生家庭的脐带，脱离原生家庭对自己的影响和束缚，从而树立自己小家庭的边界。

成年人要为自己的幸福和快乐负责，也要适当地把父母推回他们应在的位置，切勿让他们过多介入自己的婚后生活。尤其是女性，一定要在婚前审视你的伴侣是否对家庭有足够的担当。

如果他是一个妈宝男，任何事情都由妈妈说了算，没有力量去和父母抗衡，那你需要慎重考虑你们的婚姻，因为当你选择这样的男人作为人生伴侣，相当于选择和他的爸妈共度一生。与此同时，你也要去考察他的父母是否明智，和你的脾气秉性能否合得来。只有考虑清楚这两个问题，你们之间再谈婚姻才有意义。

生育的影响

很多女人结婚生子后，会把所有的爱都投注到孩子身上。这从一个侧面说明，她对老公的爱很多时候也是出于母性的一种迁就和宠爱。因为孩子是比老公更加娇弱、更加脆弱、更需要被照顾的存在，所以女性会不自觉地把所有爱都转移到孩子身上。男人通常无法容忍伴侣忽视自己的存在，会做出各种叛逆的行为，甚至将外遇作为他的反抗。两个人的感情也会因此日渐疏远，最终导致离婚的结局。

面对这种情况，女性需要保有觉知力，即便孕育了孩子，也要始终记得配偶才是你身边最重要的人。在孩子、父母、配偶等对你有重要意义的人当中，只有配偶是可以陪你走到最后的人。也许有人说友谊会比爱情更长久，可是伴侣才是那个和你最为亲密、日日夜夜与你相伴、陪你一直到老的人。等孩子成年后，你就需要放手，让他拥有自己的家庭生活，那么最终陪在你身边的人还是你的伴侣。

因此，当老公抱怨你生了孩子后就忽视他时，你一定要有技巧地应对，很多亲密关系里的问题都是可以巧妙地解决的，但更多问题需要靠迁就、忍让、妥协，甚至牺牲来化解。无论你采用什么方式，总之不要忽略爱人的投诉，的确有很多人在生子后，对另一半就没有那么关心和在意了，最终造成两个人关系破裂，无法挽回。

在亲密关系里要与对方融洽相处，是需要有一定经验和智慧的。缺失经验和智慧，也是大多数人为什么明明相爱却还是走不长远的原因，如果一个人没有经过学习和历练，同时缺少一定的觉知和觉察，就很容易在亲密关系里屡屡犯错。还有一部分人，在关系里内耗，却迟迟不敢分手，最终伤人又伤己。

2

为什么有的人不敢分手？

很多人不敢分手，是基于一些现实的问题

比如，想给孩子一个完整的家；自己尚无足够的经济实力，没有经济基础做支撑，离婚后的生活质量会大幅下降；不知如何面对家人、亲戚、朋友，或者父母横加干涉；离婚财产会被瓜分，造成经济损失……这些现实的问题都会导致很多人需要鼓起勇气才能结束婚姻关系。

还有一些人，是基于个人原因不敢离婚。比如，长期脱离职场，一直在家做全职太太，担心离婚后没有能力养活自己，或者不知道如何独自面对离婚后的生活，更不知道如何跟身边的人解释和相处。因此要跳脱出"婚姻"这个舒适圈，对他们而言是极大的挑战。

很多人把孩子当作不想离婚的借口，但是这可能会让孩子长期处于充满暴力和情感虐待、不正常也不健康的家庭关系中，我个人觉得这种选择对孩子的伤害更大。

舍不得已经付出的感情

我们不想分手，有时是因为在感情上投入了太多心力而舍不得放弃，有时则是因为贪图一些外在的东西，比如对方可以带给你丰富的物质享受、优越的社会地位。还有一种情形，那便是自己有拯救者情结或圣母情结，认为伴侣没有我会过得很惨，所以我舍不得离开他，也不能离开他，否则内心会有罪恶感。

我觉得这种情结没有对错，重要的是**我们需要在一份能滋养彼此的感情里度过我们的人生。如果这份感情已经无法滋养彼此，只会让你整日愁眉苦脸、处于焦虑不安的状态，那么你需要放下拯救者情结。**不管将来如何，至少现在需要抽离出来，让自己得以喘息，否则你的心力会被耗尽，两个人之间的关系最终也不会变好。

至于抽离的方式，可以是创造各自独处的空间，双方都冷静一段时间，梳理内心的纷乱，慢慢地观察这段关系的走向，再考虑是否继续在一起。

害怕一个人的孤独

很多人都抱有一种心态，宁可抓着一个不合适的伴侣在身边也总比没有伴侣好。其实，一个人的孤独要胜过两个人的寂寞，和不合适的人在一起，因为格格不入而产生的痛苦会更强烈。

其实，当一个人活到晚年，也可能到中年以后就能知晓，他能否拥有高质量的孤独，他是否一个人也可以过得开心自在。拥有享受孤独的能力是我们步入中老年生活后还能保持快乐幸福的重要原因。

因此，如果你年轻时面对分手时，只是因为害怕孤独而选择停留在亲密关系里，我鼓励你纵身一跃、勇敢尝试。或许这份孤独会让你获得飞速成长，可以打开你的眼界，让你更加深入了解自己的内心，让你看到人生不一样的风景。或许，你会遇到更好的人，也会遇见未知的自己，并找到人生真正的快乐和喜悦。

切勿因为害怕孤独，而留在一段不值得留恋的感情里，因为任何光阴都不应该被浪费。

不愿意改变现状，不想面对舆论压力

有些人会觉得分手或离婚后，自己需要面对一个全新的未知世界，相较之下，当下这种熟悉的环境会更加安全一点。

然而，更"安全"并不意味着更"好"。你所不能适应的只是突如其来的改变，而不是真的留念那个人。你可能习惯了每天有人陪着你、和你一同进餐，或是周末两个人能共度愉快的时光，可是当分手后，这些美好全部都会消失，你的内在会突然生出一个巨大的空洞，希望能得到填补。

建议大家要有耐心，慢慢养成新的习惯，试着让自己享受孤独，成为一个能接受常态孤独和能独自生活的女性。

如果你做到了，你就是一个内心非常强大的女人。一个女人如何能拥有强大的内在力量呢？其实就是靠吃苦获得的。首先，要接受孤独带来的苦，慢慢品尝，之后就会有新的体会和成长。

此外，分手后，你很可能会陷入自我怀疑和自责中。其实，有些亲密关系注定会失败，无法分清谁对谁错。每当质疑的声音在脑海中回响，我们就要转移思考的方向，或者把注意力收回，专注于当下正在做的事情，不要容许大脑去自我批判：你看，都是因为你不好，才会变成单身。也不要一味地感到遗憾和后悔。这些都是很耗费心力和能量的，会造成严重的精神内耗。

以上所说的四点，就是很多人在亲密关系里即使还要继续承受各种痛苦，也还是不愿意放手的原因。你是否也经历过或者正在经历这样的情绪和状态呢？可以对号入座一下。无论如何，我还是建议，在必要的时候，好好修习"放手"这门功课。

3

在关系里,如何避免"被分手"?

🌸 让对方感受到你对他的爱取决于他对你好不好

这样做会让对方知道自己与你的关系始终处于不稳定性当中。切勿让他觉得,无论他如何对你,你都无法离他而去,否则他一定会越来越嚣张。

🌸 让对方深切知晓,他只是你生命中的一部分

在亲密关系里,你要做到,他只是你生命中的支柱之一,离开他,你也不会倒下,你还有家人、朋友、事业、兴趣爱好,而他,只是你生命中的一部分。

这是让女人内在充满力量的方式之一,可以让你在亲密关系里有足够的底气。如果有一天,他要弃你而去,你照样可以过得很好。

千万不要天真地认为"没有他不行""离开他就活不下去"这些理由能挽留一个人,也无须担心"他走了之后你仍然会过得很好"的观念会让他走得决绝、没有负担。如果他下定决心离开,即使有万般阻碍也难以挽留他,因为很多情况下,人的良心只会建立在自己的利益之上。

大多数男人在条件成熟、时机到了,要结束一段关系时,并不会考虑女人的感受,更不会因为女人伤心、痛苦、无助而为她留下来。只有极少数的男人,会因为不忍而留在女人的生命当中,大部分人都是该走的时候就消失得无影无踪。因此,与其成为一个被抛弃的怨妇,不如现在就去做一个独立自主的女人。

要试着在关系当中,创造自己的价值

我这里提及的"创造价值",不是为了伴侣才去创造自己的价值,而是因为创造自我价值,可以让你成为一个更好的人,让自己在亲密关系里占据优势。

一旦你们的关系出现问题,难以为继,你所创造的自我价值也可以在别的人、别的关系上继续发挥作用,并成为你个人魅力的加分项。

举一些浅显易懂的例子,我们会知道自己能创造的个人价值是无穷的:

①厨艺不错。

这是一个很强的加分项,即使餐厅的厨师做的菜比你做的美味可

口，但是亲手做的意义完全不同。

②很漂亮、有气质、穿着得体、打扮端庄、举止优雅，从来不是一个不修边幅的人。

和大家说一个不是秘密的秘密，男人都是"颜控"，看到漂亮的女人，尤其是身材出挑的，总会感觉眼前一亮。虽然他们声称自己更注重女人的内在美，可是如果女性的外在条件不足以吸引他们的目光，他们断然不会有兴趣深入探究女性的内在，他们也可能被女性的性格所吸引，但依然会在意女性是否漂亮。

可以说，颜值是让一个男人对女人产生兴趣的基本门票，而颜值还包含了身材。身材姣好的女性，会给男人留下更为深刻的第一印象。因此，身材管理、颜值管理是女性一生都要为之努力的功课。当然，女性也更偏爱帅气干净的男性。虽然我们总是强调男人的长相无关紧要，可是实际上，偶尔看到养眼的帅哥，任谁都会情不自禁地心花怒放，目光也会在他身上多停留一会儿吧？

我有位女性朋友，年轻时相当漂亮，每次和老公吵架，老公只要转头看到她的盛世美颜，气就不禁消了一大半。然而，如今，她已人老珠黄，在吵架这件事上，就要花费比较多的心力和工夫，老公才会消气，矛盾才能解决，这就是很现实的问题。

③手上有足够的"人质"，可以创造女人独有的价值，占据难以取代的地位。

比如，你是他父母心目中最理想的儿媳妇（受到认可的女主人），你是他孩子的妈妈（无法割舍的血缘关系），你和他的家人、朋友之间的关系都非常融洽（彻底打入对方的人生社交圈），这些都是相当有价值的加分项。

如果他想和你分手，就会不自觉地去考虑众人的反应，分手的代价也会相当高。因此，我们可以一边创造自己独有的价值，一边抬高对方分手的代价。

④能够帮助他成就事业，或者对他的事业有所助力。

这种帮助，也许不是直接帮到他，而是你做的事情和他做的事情是可以联结的，你对他是有助益的。

年轻时，我完全没有考虑过这些事情。随着岁月的沉淀，我才恍然大悟，男人最重视的终究还是自身的价值。他对事业的重视度永远胜过家庭和婚姻。至于爱情，对他们而言就像绚烂美好的烟火，在那绽放的一刻尽情欣赏过就已足够。

此外，倘若你拥有让对方引以为荣的事业，或者享有一定的社会地位和拥有重要人脉，能帮助他提升自我价值感、扩充社会资源，这也是绝对的加分项，会让你在亲密关系里更具有价值。

⑤在情绪上能够理解他和支持他。

让男人感觉被理解和支持，是女人最需要提供给对方的情绪价值之一。英国现任国王查尔斯，大家很好奇他为什么不爱年轻貌美的戴安娜王妃，而喜欢年纪稍长、依世俗眼光看容貌并不出众的卡米拉呢？其实，正是因为卡米拉情商极高，能够稳得住查尔斯的情绪，能为他提供足够的安全感和充分的情绪价值。

我们所看到的查尔斯国王，就像一个脾气暴躁的小孩，在签署皇室重要档案时，都能因为签字笔没墨水了气到摔笔，像极了一个巨婴。以戴安娜当年和查尔斯结婚时的心智成熟度来看，她并没有办法理解巨婴的心理，自然更无法为这个她曾视为"王子"的男人提供他所需要的情绪价值。

⑥拥有相同的兴趣爱好，能一起玩得很开心。

因为伴侣间的相处，最好可以像朋友一样，一起在喜欢的事情里体验到快乐。

⑦成功男人的背后都有一个默默支持他的女人，很多国内的企业家也是如此。

真正成功而且能够持久成功的企业家，背后都有一位高情商、既会照顾孩子也会打理好家庭事务的好女人，可以为他免去后顾之忧，让他专心拼搏事业。对男人而言，事业是最为重要的，成就感和面子永远在他们的人生中位列前茅。

不仅如此，男人都很惧怕麻烦，离婚对他们而言是最麻烦的事情。如果一直有一位贤妻良母、人生伴侣能够让他无后顾之忧地打拼事业，对他来说是非常有帮助的。除非他的婚姻走到了他实在无法忍受的地步，否则维持婚姻对这样的男人而言，永远是最好的选择。

让伴侣只成为你生命中快乐的来源之一

对男性而言，事业第一，他们可以在事业中寻得成就感、获得自我价值感。而女性要让自己拥有多种多样的快乐和喜悦的来源，切勿把所有的幸福快乐都寄托在伴侣的身上。

与此同时，你也要支持对方去拥有属于他自己的幸福快乐的来源，而非将它们全部寄托在你一个人身上。如果你要求他的幸福快乐只能因你一人而起，他去从事任何活动、和别的朋友来往，你都不开心，这是很危险的，这样的关系也是无法持久的。

以上我提到的四个方面，都是可以让你的亲密关系走得长长久久的筹码，也可以减少你被分手的风险，甚至会增加伴侣和你分手的代价。

在亲密关系的旅程中，关于分手的功课，我们或许还会碰到很多次，因为聚散离合是人生必经的过程。当我们发掘出"分手"背后潜藏的问题，并且去解决它，完成自己的功课，让自己每一次分手都能成为一个更好的人，那么我们在未来就可能真正拥有一段长久美满的感情。

活出 你 要
想 的
亲密关系

第十二章

疗愈课题：破碎然后重生

活出你想要的　亲密关系

如果我们曾全身心地投入一段感情，无论过程中遭遇了分手、离婚、外遇、丧偶还是其他情况，当这段感情结束的时候，我们都会感到痛彻心扉。我离过两次婚，即便当时已经到了感情破裂，或者有第三者介入的地步，在签下离婚协议的那一刻，我内心还是感到锥心刺骨般的痛。因此，不管是因何种原因导致亲密关系破裂，在之后的那段时间里，你都需要为自己疗伤止痛。

那么，如何在亲密关系破裂后，进行创伤疗愈呢？本章节我所提及的亲密关系"创伤修复"的方法，大家既可以运用在亲密关系的范畴中，也可以运用到生活中所有的"失去"当中，比如失去亲人、好友，哪怕只是丢掉了工作、财物等，都可以通用。

1 创伤修复过程的五个阶段

创伤修复过程,大致可以分为以下五个阶段:

否认

面对创伤事件的发生,我们最初都会极力否认,努力想把自己的生活,甚至每天早上醒来后要面对的世界,恢复成原来的模样,即退行至创伤事件发生之前的状态。

我们一再否认创伤事件的发生,可是每天睁开眼时都会倍感痛苦,因为事实就摆在眼前,曾经的伴侣已然成为我们生命中的过客,每每想到此我们都会心痛不已。

此时此刻,我们只能鼓起勇气去面对这个连上帝也无法改变的事实,告诉自己:这个世界上不存在时光机,这件事已经尘埃落定,我们必须坦然接受。每天坚持做一个简短的自我催眠,可以帮我们更快速、更顺利地走出伤痛的阴影。

生出愤怒的情绪

在接受创伤、走出创伤的第二阶段，我们的内心会生出强烈的愤怒情绪。

遭受创伤事件，无一例外都是令人不悦的，没有人可以波澜不惊地去面对。有些事件，对别人而言也许是好事一桩，对我们来说却糟糕至极。比如，前男友在结婚前夕，满心欢喜地给你发来请柬，期望获得你的祝福。即使你们已经分手多年，但你还无法将他彻底忘记，他突然而至的婚讯就会给你的心蒙上一层阴影。通常你会选择否认事实，一旦想起内心就隐隐作痛，继而升腾起愤怒的火焰。请注意，愤怒会把你带至痛苦的深渊，让你悲伤、痛苦，生出因不愿失去、不愿改变、更不愿接受现状而引发的种种负面情绪。

根据我多年的观察，**在日常生活中，对每个人而言真正重要的并非我们的人生遭遇，而是随之引发的情绪。每个人的情绪基调都不相同，面对事情时的反应也会因人而异，我们无法控制外在的人事物，但是我们可以调整内在的反应模式。**如果我们的内在出现问题，就会给我们带来痛苦，而且我们很容易紧抓着这份痛苦不放，这将会给我们带来犹如炼狱般的体验。

我们每个人的内在，都存在不止一种固有的、由来已久的、需要被看见和疗愈的情绪模式，尤其负面的情绪模式需要得到纠正。当负面情绪被一个事件或一个人触发，我们便可以名正言顺地把原本就存在的情绪挂靠在外面的人、事、物上。也就是说，我们需要在外面的世界中找到相应的情境,来体会自己原本就存在的情绪。

比如,很多人从小就有种"不被爱"的感觉,这种感觉会让他在看待爱人的行为时,总是从"你不爱我"的视角出发。也许对方只是不习惯在朋友面前展露亲昵的关系,或者他惯有的反应模式就是含蓄内敛的,当身处朋友之中,他会表现得比你们私下在一起时更为冷漠和疏远。而你会质疑他有没有认真对待你们之间的感情,质问他为何不愿意公开承认你们之间的关系,甚至怀疑他是否真心爱你。当你从"不被爱"的视角去责怪他、抱怨他、攻击他时,他会觉得非常冤枉,你们不仅会因此大吵一架,感情也会迅速降温。这恐怕是双方都不想要看到的结果。

其实,你可以语气平淡地问他:我发现你在朋友面前好像不是特别愿意表露对我的感情,为什么会这样呢?你可以坦诚地说出自己的困惑,告诉他这样的行为令你感受到了疏远和冷漠,勾起了你内在不被爱的恐惧。如此一来,对方就会了解你的感受。他可能会和你说:很抱歉,因为我以前在朋友面前,从来不和我的伴侣有任何亲密之举,我不知道这对你来说如此重要,既然你在意这一点,我可以为你做出一些改变。这就是采用不同的沟通模式会带来不同结果的生动案例。

很多时候,**我们常常将自己的情绪惯性和行为模式套用在别人的行为上,然后自然会引发一场情感大戏,结果往往适得其反,只会引发争执、冷战,双方的感情也会愈来愈不好。**

对情绪比较敏感的人而言,最为重要的是切勿把自己的感受当成现实。人的感受受到多种制约,是自己的情绪反应和思维模式的投射,所以在发脾气前,一定要给伴侣申诉、解释的机会,更要学会从不同的角度去看待事物。切勿让你的情绪挂帅,错误地主导你的人生。

  每个人都要为自己的情绪负责。当我们走到愤怒阶段,面对各种情绪时又该怎么做呢?你要学会和这些情绪相处,或者让它能够穿透你。

  以"愤怒"的情绪为例,你可以有觉知地深呼吸来迎接它,用自己独特的方式来释放它。有些人会选择去郊外放声高呼;有些人选择在家里摔枕头、痛哭一场;有些人会去跑步,在汗水和泪水中将愤怒释放掉;还有些人会用转念的方式,让愤怒的情绪在当下就被化解。

  你也可以允许自己生气,允许自己待在愤怒的情绪里,不需要试图把自己从深深的愤怒或悲伤的情绪里面拉出来。只需要允许它出现,允许它存在便好。最重要的是,你要和它拉开距离,不能和它纠缠在一起,更不要被它牵着鼻子走。

  你要相信自己拥有情绪抽离的能力,这种能力是我们每个人都应该具备的。比如,你正和老公激烈地争吵时,恰好接到自己很尊重的好友的电话,当即你说话的语气和此刻与老公吵架的语气完全不同。这就表示,你和老公完全可以在此刻,转换一个频道和对方联结。然而,当电话结束,再次回到吵架的现场时,你可能又转换回要和对方斗争到底的状态。你要证明自己是对的、对方是错的;你要把自己的委屈、愤怒、不满都发泄到对方身上。

  于是,你和老公的战争仍会持续,会彼此咆哮着、诉说着自己的不满。可是,为什么我们不能好好说话呢?因为我们内心依然存在着未被释放、未被理解、未被接纳的负面情绪,当它们扑面而来时,我们身边最熟悉也最亲近的人,就会成为可怜的"替罪羊",为我们的负面情绪买单。

如果你能够学会为自己的情绪负责，试着去穿越它、处理它，你就可以累积处理情绪的经验值。就像我们玩游戏一样，当经验值累积到一定程度，内在力量蓄积到满格，你就会发现，自己不需要再用这种愤怒的情绪去应对外在的人、事、物了，你们的关系就会变好，你会变得正能量满满，那些因为随意发泄愤怒情绪而产生的自责和愧疚感，也会远离你。

学会为自己的情绪负责，是一个漫长的过程。我自己亲身体验过这段路途，并没有那么艰难，但始终需要勇气和坚持。年轻时，我脾气暴躁，似乎生命中总有很多事情让我愤怒。当我开始成长修行后，慢慢地就将这些形之于外的愤怒，化成了内在的不满和轻微的怨气。通常我在消化完这些情绪之后，就能理性地去处理那些引发我内在不满的人、事、物了。

在这个过程中，有一个很大的转折点是，每当我觉察到自己的愤怒时，我会把注意力从那个人或那件事上移开，放回自己身上。我总是能在自己的身体层面感受到那种不舒服，通常是在我的腹部和胸口，有种憋闷、紧绷、酸楚甚至疼痛的感觉。如果我能够集中注意力，和这些感受待在一起，带着觉知去理解它们、抚慰它们，这些感受通常就会自行消失，或是降低到我可以掌控的地步，而我也无须再从外面找一个发泄的对象。如今，我发现能引起我愤怒的事情越来越少。这样的功力，你也可以靠自己的努力逐渐修炼而成，当你成功闯过这一关，它就不会再成为你的困扰，而你会蜕变成内在无比强大的人。

在你的生命当中，也不会一而再、再而三地发生令你感到愤怒、

悲伤、怨恨、低价值或者不被爱的事。就算偶尔出现，你也可以在先知先觉或当知当觉的体察之下，轻松应对你的负面情绪。负面情绪本身不会再对你造成任何伤害和影响，而你在处理事情时，也会变得比较平和圆滑。

讨价还价

大多数时候，"讨价还价"的过程是这样的：你会对自己说，好啦，我已经接受这个事实了，我也会去承担自己愤怒或悲伤的情绪，可是我还是对他怀有执念。当我们发现自己一直停留在追溯过去、懊悔当初的念头里，我们就要有意识地步入练习臣服、放下执着的阶段。

或许，你的思绪偶尔还是会转移到这件事上，虽然不像从前那般频繁，感受也不似从前剧烈，但仍旧难以忘怀、难以放下。

此时，我们要学习正念，回到当下。提醒自己，一旦想起这件事，就立刻专注于深呼吸，或者慢慢去觉察此时此刻自己的身体状态。或者，去看看窗外的蓝天白云，想一想大海，有什么是广阔而深邃的大海无法包容的呢？再想想星空宇宙，宇宙如此之大，如此深不可测，而我们是如此渺小，这件事已经发生，就让它随风飘逝吧。

你可以试着用这样的方式让自己放下对某件事或某个人的执念，执念的特点就是会有纷繁的念头一直来打扰你，让你过得不顺心、不顺意，而我们一定要学会放下它们。

悲伤沮丧期

你可能会因为失去一段关系、失去一个人，或发生一件重大事件，而陷入长久的悲伤和沮丧。无尽的悲伤和沮丧，有时是一种不良的习惯，有时是一种孤独，还有时需要你跳出自己的舒适区，去接受新的事物、新的情境，接受一些不方便的状况存在。

很多时候，上一段关系里留下的惯性，会让我们怀念过去。比如，每天早上你都能看到这个人，或者家里总有一个人等着你，可以随时回应你，哪怕只是一些鸡毛蒜皮的琐事。当这样无时无刻不在陪伴你的人突然离去，的确会令人一时难以接受。

此时，我们依然先要面对自己的负面情绪并将其转化。最为重要的是，我们要学会释放自己的负面情绪。当我们遭遇重大创伤、失去挚爱之人，或者丢掉热爱的工作时，不管内心是悲伤还是愤怒，只要我们难以消解或承受，我们就要用适当的方式将其发泄，或者找人一吐为快。你可以找专业的心理咨询师做疗愈，也可以找催眠师把你带回当时的现场，让你得以**勇敢地去看清这件事的本质。既然事情已经尘埃落定、没有回旋的余地，爱已成往事，我们就该放下、认命，继而向它臣服并接受它。**

事情终于发展到能令人接受的地步

也许是上天的垂怜，也许是我们的努力，也许是时间的魔力，当

走入这个阶段，我们就开始能够融入新的日常生活状态中，接受"我已经失去他"的事实，尤其是接受它对自己心态的冲击，接受自己内心的恐惧、孤单，以及时不时涌上心头的悲伤和不甘。

总之，我们已经接受了这件事情的发生，放下了所有的幻想、所有的执念，愿意去过好每一天的日子，积极向前。

以上提及的五个阶段，是一个完整的创伤后愈合的过程。从否认到负面情绪被激发，到讨价还价阶段衍生出执念，再到因为失去而感觉沮丧和悲伤。只要我们在每一个阶段，都能带着勇气和耐心去面对和处理问题，最后终究会来到接受这个阶段。

我建议大家给自己一点时间，因为伤痛都需要时间去疗愈。如果你没有做好前四个阶段的疗愈，时间帮不了你，你会一直卡在那里，无法抵达第五个阶段。

我相信阅读这本书的人，都是有觉知并且愿意在个人成长的道路上前行的人。大家真的要学会把过去的那些东西都放下，勇敢地面对自己美好的未来，把当下的每一天都过好。

2 创伤修复过程中,如何自救?

除了明晰我们要经过的创伤修复过程外,在亲密关系破裂的时候,处于其中的我们,具体还可以为自己做些什么事情呢?

去感受自己的愤怒和悲伤

我们必须要学会和在心中灼烧的痛苦同在,承认这是自己人生剧本的一部分,是自己要修习的功课。我们要为自己的感受负责,如果能够处理好情绪,伤痛就已经愈合了大半。处理负面情绪时,你不需要逃避、不需要与之对抗,更不需要祈祷它自行消失,而是要允许它存在,允许它和你待在一起,允许它燃烧你、穿越你,并用我之前分享的"感受身体"的方式去与它建立联结并和解。

建议你先不要到处去诉苦

有的苦，是越诉越苦，越诉越伤心，我们都不希望成为祥林嫂那样的人。不过，我并非建议你一个人闷不吭声地承受。你可以寻求专业人士的帮助，或者找一些明智的朋友、长辈给你情感上的宽慰和方法上的建议。

每个人都要面对关系的结束，具体情况不尽相同。若能借鉴别人的经验，可能会让你有能力以不同的方式去面对和处理相似的情境。因此，你可以试着寻找和你有类似经历的人，看看他们是如何一步步走出阴霾的，并且不要羞于启齿。当然，我们需要找积极正向、已把事情处理得当的人，借鉴对方的成功经验，学习他是如何接受伤痛，并把事情处理妥当的。**切勿找仍深陷痛苦的人去诉苦，两个人只会抱头痛哭、互相投喂毒药，这对于你从痛苦中脱胎换骨、浴火重生毫无帮助。**

有时，我们可能会觉得，和他人诉苦很丢脸。其实，和你处在同样困境中的人有很多，如果你认为自己的痛苦是独一无二的，你将永远无法治愈它。我们要做一个谦卑的人，不要傲慢地抓着自己的痛苦以为它有多么独特。

然而，找朋友倾诉的时候，我建议你千万不要找以下这三种人。

第一种：不理解你的痛苦的人。这种人不能够理解你，你现在的状态或许就像在铁板上被煎的牛排一样，承受着全身被火吞噬般的剧痛。他们不但无法感同身受，还可能会给你提一些"站着说话不腰疼"的建议，这样的人并不适合成为你的倾诉对象。

第二种：轻易下定论，给你一些简单粗暴的方法和建议的人。

第三种：只会一味地和你一起责怪对方，让你更加认定自己就是受害者的人。这种人并不能给予你想要的抚慰和有智慧的忠告。

我的建议是，找专业的心理咨询师更为靠谱，他们不但能共情你的感受，也能给出中肯的建议，还可以给你提供帮助你成长的智慧。接受几次心理疏导，也许你内在的伤痛就可以被疗愈。

要学会和自己的头脑相处

我们都有一个像猴子一样活跃的大脑，它会喋喋不休地和你诉说某件事情，或者让你想起以前某个人的种种特点，让你的脑海里像播放电影一样，浮现过去你们在一起的画面。这时，你需要让自己回到当下，不要被头脑带偏了，以至让自己陷入回忆中无法自拔。

你可以让自己做一些能改变大脑剧场播映内容的工作或活动，去锻炼、做手工、找朋友聊天，或者专注于自己的兴趣爱好，去看书、画画、听音乐等。总之，把时间花在能取悦自己的事情上。因为"大脑剧场"的特点是，只要你的关注点还在上面，它就会不断地播放电影，让你一直沉浸其中，痛苦万分。

因此，我们要让自己的心态保持平和，不至于崩溃；要勤于学习，让自己在极度悲伤和痛苦之下，还能够正常地去学习新的技能；要强迫自己参加一些有趣的社交活动；或者只是每天早上醒来，给自己一个大大的微笑和拥抱。

你会发现做与不做差异明显，尤其是在遭受打击、创伤、倍感痛

苦时，如果你还能把肢体调动起来，去跳舞、跑步、做健身操，对你将大有帮助。既然事情已经发生，我们就要学会好好地去面对它。

当然，在感情中情感投入比较多、对伴侣依赖比较重的人，特别是有"恋爱脑"的人，在分手以后会万分痛苦。有时候，马上找到下一个人，开启一段新的感情，也不失为一种选择，下一个对象也许正是治愈你的良药。但我还是不建议贸然投入一段新的亲密关系中，让自己没有学到本应学到的功课。

我人生中获得的最大的成长，就发生在刚结束一段刻骨铭心的爱情、还未找到下一个理想伴侣之前。恢复单身后，我无须再把时间、精力花在别人身上，便有了机会去好好地反思和沉淀，在那些令我万分痛苦的时刻，我学会了老天爷想要教给我的功课。

亲密关系要教会我们的功课有很多。有时会让我们学会独立自主；有时会让我们懂得情感独立，学会独处，学会享受孤独；还有时会促使我们扩展自己的社交圈，学着去创业。很多成功的女性企业家，都是在经历情感挫折、婚姻失败后，开始自己创业从而获得成功的。

克里斯多福·孟老师曾说过，亲密关系是通往灵魂的桥梁，它对每个人而言都意义非凡。同样，**每个人都需要在情感上给自己一些"留白"。尤其是当一段亲密关系刚刚结束，还没有找到下一个伴侣时，我建议你把握这个"留白"的机会，回观真正的自己，思考和反省还有哪些可以让你变得更好的功课要做。**

我此生在亲密关系中受挫以后，收获的最大的礼物，就是真正的精神上的独立和自主，我的情绪也因此变得自由，不再一惊一乍地被外在的人、事、物控制。

第十三章

创造幸福:
性与亲密

活出你想要的　　亲密关系

性，是婚姻中一个很重要的元素。性是生命的原动力，在这个世界上，没有哪一种能量比性能量更能推动人类文明的进步。

网络上曾经有一组数据：因为性生活不和谐导致离婚的夫妻，在当年离婚的人群中占比达20%到30%。我猜想实际的比例应该更高。夫妻间的很多问题表面上只是两人性格不合造成的，但实际上，性生活是否和谐美满非常影响亲密关系的质量和进展。

性观念是否一致，要列入你和伴侣需要在婚前沟通协调的重要事项中，它是决定婚姻质量的重要因素之一。要有好的夫妻生活，就需要注重双方在性体验中的愉悦感和舒适度。关于这个部分，我们首先需要了解男女在"性"方面的差异。

"性"对男性而言，是很重要的身心推动力，男性需要用性来体现自己的价值感、存在感。他们需要赢，需要征服，要证明自己有足够的能力去照顾、保护、满是他的女人。女性反馈有好的性体验，对他们来说是莫大的认可。

对女性而言，她们更注重情感和心灵的交流，她们需要男性和自己沟通、理解自己的感受、关注自己的情感需求，用仪式感和浪漫让她们感受到自己被关爱和被完全接纳。"性"则是在这之后的一种爱的表达和情感的承载。

可是，很多人并不知道，在性方面，女性更深层的需求是生育宝宝。女性在潜意识深处想要成为母亲，在这个驱动力之下，她们就会对性有所需求。因此，很多女性在怀孕生育之后，很长一段时间里并没有性需求。因为生育宝宝这个最重要的需求已经被满足，而男性则对此有所误解，误认为是自己的"男性雄风"减弱了。这也导致很多夫妻在这个时期冲突频发。

1

如果夫妻双方都想要美满、舒适的性生活体验，需要做到哪些事呢？

双方对性的需求度相互匹配

在建立亲密关系之前，你要和对方讨论双方对性的看法和需求度。婚前对性不感兴趣的人，在婚后，尤其是生育之后，会越来越没兴趣，男女双方都是如此。婚前你们需要确认彼此在性的需求度上没有太大的差异，否则婚后一定会因此产生矛盾冲突。

有一个很扎心的事实，有的男人在伴侣成为母亲之后，就会对她失去"性趣"，因为她的身份转变了，从女孩变成了"母亲"，会勾起很多男人和自己母亲之间的爱恨情仇，因此对女方望而却步。与此同时，我建议女性最好不要让男人进产房看到你血淋淋的生产过程，否则一定会影响将来他与你的夫妻生活。

通常，男人对性的需求度会强于女性，如果男方的需求比较强，甚至有点索求无度，而女方没有兴趣，经常拒绝，很多男人就会觉得妻子在伤害自己的自尊，还会因此认为对方不爱自己、不尊重自己，继而产生怨恨，甚至通过出轨来满足自己的欲望，并且报复妻子。

为什么有部分女人会拒绝男人在"性"上的需求呢？很可能是因为男人和自己的情感联结不够。比如：我受了委屈，你却和我讲道理；我需要有人陪伴，你却和朋友们在玩；我需要你理解我，你却在打游戏；我需要你和我一起做家务，你却在呼呼大睡。

在情感联结不够紧密的基础上，当一个男人带着油腻的头、很臭的脚和没刷的牙说我要你和我做爱，在这种时刻，任何一个女性，都不可能会有兴致，基本上都会选择拒绝，或者敷衍了事。这时，如果男性不能理解女性的做法，继续强烈地进行要求，就会陷入恶性循环，一个越来越没兴趣，一个需求越来越强烈，彼此就会产生龃龉，爆发冲突。

当性生活出现问题时，要懂得如何沟通解决

如果你和伴侣存在以上问题，就需要好好沟通，尊重对方的想法和需求。不过，如何沟通、由谁来提起，也需要一定的策略。

首先是如何沟通。我在本书的前面有提到——不带情绪和不责怪的沟通，才是好的沟通。你千万不要告诉对方，因为你不洗头、不洗澡、浑身太臭，所以并不吸引我。这是非常伤人的话语，尤其是对男性而言，这会令他们觉得自己很无能，无法保护和满足自己的伴侣，会严重降低他们的自我价值感，让你们的关系中出现更多的问题。

倘若你换种语气，对他说"亲爱的，我希望等下可以在床上抚摸到你柔顺的头发，还能闻到你香香的"，他大概会立刻跑去洗澡洗头。同样，作为男性，如果你经常帮老婆做家务，陪她逛街，满足她的情感需求，在结婚纪念日当天会给她惊喜和礼物，经常与她畅聊愉快的话题，同时很注意自己的个人卫生，那么你的伴侣一定会给你一个积极的回应。

其次，关于性生活中出现的问题，应该由谁提起呢？

通常，在亲密关系中是由男性提出并主导性生活的，有些女性甚至觉得作为妻子，满足丈夫的性需求是一种义务，并没有注重自己在其中的愉悦感和舒适度，更不会主动和丈夫沟通这件事，这并不是一种明智之举。在性生活里，双方的满意度和舒适度同样重要，女性完全可以，并且很有必要和伴侣沟通这件事情。其实，你的男人也很想知道你的喜好和需求，如果对方问你，你还是难以启齿，就会错过一个很好的沟通机会。

当然，也有部分男性会更注重自己的快感，从而忽略女性的真实感受，所以在很多由男性主导的性生活中，女性并不能得到最好的体验，甚至要伴装满意。然而，想要拥有好的亲密关系，你就要告诉他自己真正的需求和想法，否则在性生活上，你只能应付对方，彼此都得不到很好的体验。

在性的话题上，女性不必羞于启齿，因为男女双方本身对性的需求就存在差异。当伴侣之间的情感联结不到位，女性的性体验长期处于不佳状态时，双方就很有必要进行沟通。

从原生家庭对性的态度里解脱出来

原生家庭的父母所传递的对性的态度,同样会影响你在亲密关系中对性的态度,也会影响你在性生活中的体验感,我们要从这种束缚中解脱出来。

我看过一个案例:女孩是一个很成功的记者,非常优秀,小时候在农村生活,妈妈是非常传统的人,认为性很羞于启齿,甚至是一件下流的事。在生下她之后,她妈妈就拒绝和她爸爸有性生活。从小到大,母亲都在教育她,女性的贞操比生命更重要,不让她接触任何性教育。母亲对性的极度抗拒,也成了她父亲后来出轨的主要原因。在父亲离开后,母亲每天都用很恶毒的话咒骂父亲,骂他是流氓,脑海中都是肮脏的事情,并且警告女儿务必要做个"干干净净"的人,否则就死给她看。

在这样的原生家庭里长大,女孩对性也处于极度恐惧的状态,看到电视上的演员有亲密的举动,都会充满罪恶感,害怕自己变成一个"不干净"的女性,甚至上学的时候都没有和男生说过几句话。

过了几年,因为年纪的原因,她的母亲一直催婚,通过相亲的方式,她结婚了。但婚后,她发现自己无论如何都无法和丈夫完成性生活,去医院检查,她身体一切正常,只是心理上存在障碍。后来,连心理咨询师也无法消除她对于性的恐惧,因为她从小就对母亲的话非常认同。而且在潜意识里,她认为性是导致父亲抛弃自己和母亲的根本原因。结婚四年多的时间,她和丈夫都是无性婚姻,后来丈夫被派

到国外工作,和另一个女人相爱了。这场婚姻最终以离婚散场,哪怕她做了很多挽留,对方都始终坚持结束这段关系。

因此,她和母亲怨怼父亲一样,对丈夫也有很深的怨念。后来她还和几个男人试着相处过,但都因为同样的原因无法走下去。由于这个女孩的自我成长能力有限,她始终都没有也不想从原生家庭的束缚中脱离出来,她认为"脱离"就是不孝,是一种背叛,但又无法接受自己总被男人抛弃的局面,最后患上了严重的抑郁症。

原生家庭的父母对性的态度,是会传递给孩子的。即使他们并没有很明白地告诉你,也不一定会和你谈论这件事,但从他们日常的互动中,你总会接收到一些信息。

通过上面的案例,我们可以看见,性是促进婚姻和谐的最重要的润滑剂。但在性这件事情上,由于中国人含蓄的特点,人们还存有一些常见的误区。

在很多人心里,性是一个不能看、不能说、不能听,但可以做的、稍显隐晦的存在。因此,性教育一直存在争议,导致很多人对性有误解,而纠正这些误解,可以帮助你提升自己的性质量。

第十四章

巩固幸福：
维护家庭边界

活出你想要的　　亲密关系

边界感是每个人都需要拥有的重要心理防线，一个完整而健康的人，一定会有正确的边界感。

　　在职场中，边界感不强的人常常无法拒绝别人，无法对同事的帮忙请求说"NO"，让自己做了很多并不愿意做的事情，最后身心疲惫，成为没有人称赞的"烂好人"；还有的人不懂得尊重他人的感受，总是越界去参与别人的事情，比如看到对方结婚定制了昂贵的婚纱，会去评判对方浪费钱，这种人也属于边界感不强的类型。

1

没有边界感的婚姻，注定问题重重

如果你没有建立边界感，你的人际关系一定会出现问题，继而导致生活中出现很多不愉快的事情。在婚姻中，边界感的建立是决定你们的小家庭能否长久并愉快地存在的关键因素，而其中最重要的，就是婆媳间的边界感。

关于婆媳"大战"的案例，网上有很多，这些案例都呈现出一个共同点——婆婆缺乏必要的边界感，过度干预小家庭的生活。

这类婆婆会用自己的标准去要求小家庭的夫妻如何生活，轻则频繁干涉生活起居、柴米油盐，重则对儿媳妇的价值观、人生观从不同角度进行抨击。

我听同事说过一个故事。之前她租房时的房东是一对新婚小夫妻，他们家婆婆极其强势，没有边界感，一大早就会跑到他们家，指着厨房的墙喊：怎么都不擦？那位婆婆很喜欢指导自己的儿媳妇，每天最重要的事就是事无巨细地交代小两口怎么过日子，一旦他们的行为不符合她的标准和想法，她就要摆出长辈的姿态开始指责。

后来，这对夫妻不堪其扰，双双决定去外地工作，把房子租给了

我的同事。而我的同事住进去之后，这个婆婆并没有收敛，经常跑到同事家里检查卫生状况，要求我的同事定期刷马桶，还会检查家里的整洁程度是否达到了自己的标准，并且要求我的同事把东西放在固定的位置，还让儿子时不时给我的同事打电话，询问马桶是否刷干净了，让我同事拍好照片发给她。

我同事提醒他们，这么做会打扰别人的生活，甚至会构成骚扰。房东非常无奈地说：如果不这样做，我母亲会对我们破口大骂，或者是跑到家里去闹，我也没办法。

后来，我的同事实在受不了，报警了。可是，这位老太太理直气壮地对警察说："这是我的房子，我说了算，想住在我的房子里，就要遵守我的规矩。"警察明确告知这位老太太，房子出租后，使用权归属租客，但老太太完全无视。最后，我的同事迅速逃出了那间房子，另寻住处，而老太太则继续想办法操控儿子和儿媳的生活。

因此，当我们要建立一段以结婚为目的的恋爱关系，一定要事先观察对方的原生家庭。如果对方的父母素质不高，喜欢控制和过多干涉别人的事情，尤其喜欢控制自己孩子的生活，就属于没有边界感的人。如果你的对象又是软弱无能、无法拒绝母亲的强势要求和情绪勒索的人，那你最好不要和他结婚，因为婚后，这还会成为你们婚姻中要解决的重大课题。

如果婆婆对自己的儿子非常依赖、喜欢控制儿子，你在她的心里还会变成抢走儿子的"坏女人"。在婚后，她会想尽办法宣示主权，尽可能地剥夺你作为女主人的身份和权利。当你们有了孩子，她很可能会抢走你养育孩子的权利，让你们一切要以她为中心。甚至，我见过有些婆婆不允许孙辈想妈妈、和妈妈走得近，反而要让孩子和自己最亲。

还有另一种情况，当公公在家庭中存在感不高，和婆婆没有情感联结或者关系不太好，或是婆婆丧偶、离婚，她们会将对丈夫的需求投射在儿子身上，要儿子替丈夫来满足她情感上的需求。她们要求儿子长大后必须要养妈妈、陪伴妈妈、不能离开妈妈。这类婆婆，我们要敬而远之。因此，结婚前一定要看清楚你选择的伴侣和他的原生家庭是什么样的关系。

当然，我们也要看清男人本身的特点，如果他有妈宝男的特质，对原生家庭过于忠诚，或者本身就是愚孝的人，婚后你的小家庭的边界必定荡然无存，趁早抽身是最好的选择。不过，如果你的丈夫有能力站出来维护小家庭，并且能向父母宣告自主权，拒绝任何人的干涉，捍卫这个小家庭的边界，这个人还会是不错的选择。

想要避免陷入不良的、没有边界感的婆媳关系中，最好的方法是在婚前擦亮眼睛，谨慎选择。如果你很冲动地结婚了，婚后才发现这种情况，那就只能尽量建立起自己的边界感，让自己不至于受伤太深。

2

如何建立自己的边界呢？

🌸 你要学会拒绝

无论对方是谁，只要对方侵犯了你的隐私或者生活，你都要坚决拒绝。如果婆婆过度干涉你的生活，比如，要求你逢年过节不准回娘家，要回婆家尽义务，你可以直接告诉她：我的妈妈和您是一样的，您的儿子可以回家陪您，我也要先回家陪我的妈妈，我明天可以来看您，等我回来，会给您带礼物。

但对很多人来说，拒绝是一件不容易的事情。这是因为你不想和拒绝了别人之后内在产生的不舒服感待在一起。因此，要学会在拒绝别人之前，深吸一口气，缓缓地说出自己的想法，接受内在产生的恐惧感、愧疚感和不舒服感。多练习几次，你就轻车熟路了。

🌸 不要讨好

不要妄想你的屈从会让他们减少对你的干涉，无下限地退让和妥协只会让对方觉得你可以被随意掌控。触碰到自己原则的事情，千万不能答应，答应了一次，就会成为常态。

人性的特点是，你越想要讨好对方，对方越会得寸进尺，并且将你的退让视为理所当然。我们一定要坚持处在自己的中心，不能随意动摇。做到这点的诀窍是，你可以多问问自己：不去讨好对方，他就不喜欢你了吗？就算他不喜欢你，又能怎么样呢？最坏的情形会是什么呢？会变得很糟糕吗？要记得，不要习惯性地去讨好别人。

根据我的观察，不去特意讨好别人的人，反而能获得更多的喜爱和尊重，自己会过得比较舒服，也会把关系处理得更好。

🌸 让你的丈夫支持你

你可以直白地和他表达你的感受，告诉他你需要他支持的部分，如果他觉得协助你是对母亲不孝，从而拒绝帮你，或者直接躲开逃避，你依旧要持续地和他沟通，尽量让他意识到你的初心是希望他站在丈夫的位置上守护小家庭的边界，是为了让这个家更好，而不是让他忤逆母亲。如果你们连自己独立的生活都失去了，婚姻的状态必定是不健康的，也绝对不会是彼此想要的。

如果持续温柔坚定地沟通，你的丈夫还是无法支持你，他就是妈宝男或者愚孝；如果这时婆婆还是没完没了地侵犯你的边界，你就可以直接采取正确的方式表达愤怒，也可以暂时为自己争取一些空间，让你不至于在婚姻里变得失控抓狂。面对家庭中其他侵犯边界的亲戚，你也可以用上面的三个办法来面对和处理。

其实，维护家庭边界感的根本因素，还是需要回归到个人的成长层面。一个自我边界感非常清晰的人，并不容易陷入没有边界感的关系当中，处理别人的无边界感时，也会更加得心应手。

我有一个女性朋友，就是边界感很清晰、非常勇敢地做自己的人。她敢和婆婆吵架，但因为她本身心地善良，又很纯真，即使她会发飙骂婆婆，婆婆还是很喜欢她，对她非常好。

她的婆婆还有另外一个儿媳，也就是她的弟妹，这个弟妹经常对家人摆出讨好的姿态，也不敢和婆婆吵架，但这个婆婆提起她的时候，都是横眉怒目的状态，并不喜欢她。

因此，勇敢地忠于自己，不要过于讨好，坚守自己的边界，反而是婆媳相处之道的精髓。不过，在婆媳相处中，还要遵守人伦礼节和序位，不能全然不顾老人家的感受。我有一个朋友被未来的婆婆催生，她本意是维护自己的边界，但是言辞过于激烈，伤了老人家的心，这样的行为会留下不好的因，将来就会收获不孝的果。一个想要成长的智慧女人，一定可以八面玲珑、合宜得体地处理好关系，并且在关系里既不会委屈自己，也不会伤害别人，这是最基本的原则。

就像我经常说的：外面没有别人，只有你自己。你的生活是由自己的心境创造出来的，如果你坚持成长，建立好边界感，拥有自己的内在力量，你的生活就会越来越顺畅。

越没有边界感、无法拒绝别人的人，越容易招来别人的侵犯、干涉。因此，想要改变自己的人生，我们就要从自身的能量场着手，有了内在力量和边界感之后，别人自然不会来冒犯你。

边界感的建立

"别人怎样对你，是你教会他的。"如果我们自身边界感不强，表现为容易压抑自己，讨好别人，那么可能就会在人际互动中，逐渐失去别人的尊重或重视，而自己在一次次隐忍之后，有一天也可能会产生巨大的情绪反弹。同样，如果我们忽略了别人的边界，就可能会开不恰当的玩笑，或者提出一些强人所难的要求，而成为话题终结者，或者成为不那么受欢迎的人。

因此，边界感是非常重要的，它能够保护我们自身不被随意侵犯，也能够让我们注意关爱他人，确保人际交往处于安全、合适的距离。

边界感的侵蚀，是一点一滴积累的；边界感的建立，也需要从一点一滴着手。只要你能够尊重自己的感觉，不勉强自己，真正爱自己，那么你就可以牢牢地建立自己的边界感，并因为能够真正尊重自己而推己及人，不去勉强别人，不去践踏别人的边界。

PART 3

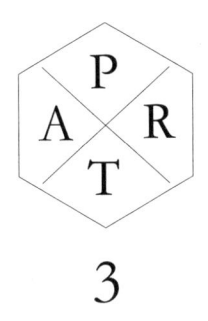

心法

在亲密关系中修炼自心

活出你想要的

亲密关系

第十五章

心法一 "等价交换"，认清关系的本质

活出你想要的　　亲密关系

亲密关系对人生的重要性不言而喻，可是有太多人不谙经营之道。起初，人们都会带着美好的向往走进亲密关系，满心满眼期待着能有一段热烈甜蜜的感情，可接踵而至的却是困惑、矛盾、挣扎和迷茫，这就是亲密关系的常态。在亲密关系这个重要的修行道场中历练至今，已过花甲之年的我深有体会，总结出经营亲密关系的四大心法，期望可以对你有所助益。

经营亲密关系的第一个心法：本质上，关系是一种利益的等价交换。

毋庸置疑，这个心法最为务实，也是亲密关系的核心。因为所有的关系都建立在需求之上，本质上都是一种利益的等价交换。你也可以理解为，爱就是需求被满足。

或许，有人认为这样的看法太过现实、势利。难道关系的双方一定要门当户对，有钱人只能从有钱人中寻找伴侣吗？当然不是。利益的等价交换，并不单指财富、外在条件（如相貌）、相关利益等。在所有的需求之中，情感等无形的需求才是最难捉摸和满足的。

在电影《失恋 33 天》里，有一个桥段耐人寻味。见多识广的高端婚礼策划师，对一位商业精英男士的婚姻选择深感困惑，因为他的结婚对象除了姣好的外貌，毫无可取之处，还十分爱慕虚荣。

这位精英男士坦言，她的要求无外乎物质，不但容易预测，而且能够轻易满足。他完全知晓她的需求，不用费脑筋去猜，很容易就能搞定。可是，像高端婚礼策划师这样的知识文艺女青年类型的人，她们的要求很难满足，还时时会有变化，他也不知道她们的心里到底要什么，所以在一起一定很累。男人都是以事业为重的，所以他才更倾向于选择简单好懂的女人，这样就不必浪费太多时间经营感情。

这位男士说得十分直白，精准地表达了自己对亲密关系的需求。虽然他做出的选择让人诧异，可是又在情理之中，因为他切实地遵循了亲密关系的第一心法——

等价交换，不会心累。

在亲密关系初期，男性之所以倾慕女性，除了被她的颜值、性格、才华、财富等吸引，他一定亦"贪图"女性为他带来的某种价值。这种价值可以分为两种：一种是女性自身条件优越，优越到令他带出去很有面子、说起来就难掩喜悦，佳人在侧能为他加分，让他自我感觉良好。另一种是虽然女性外在条件尚可，但并不精明，甚至还有点糊涂，很多事情都需要仰仗男性相助，而女性展现的温柔脆弱的一面，与男性体贴没野心的一面刚好契合，便能充分体现男性的价值，也同样让他自我感觉良好。这两种情况都是很直白的价值交换。

若想和另一半长久在一起，就要认真考量你们是否满足了对方在亲密关系中的需求，你们之间的价值交换又是否对等。接下来，我将更为细致地剖析男女在亲密关系中的需求差异。

1 亲密关系中的三大需求

亲密关系中的需求分为三大类，简单地概括便是"身""心""灵"三大方面的需求。

"身"的需求

"身"的需求可以从两个层面来理解，首先是我们的身体，即身为凡人的肉身的需求，其次便是外在的物质方面的需求。

肉身的需求，可以分为以下三类：

1. 陪伴的需求

很多时候，我们之所以寻找伴侣，是需要有一个人相伴。一起吃很多很多顿饭、一起逛街或远游……人生之路，牵手相伴而行。

2. 身体触碰的需求

在亲密关系中，尤其是女性，需要一些充满爱意的抚摸和触碰。

对女性而言，亲密的肢体接触，甚至比性本身更为重要。

很多女性更为看重和伴侣之间带着爱意的轻柔碰触，比如，希望老公上班之前可以和自己拥抱、亲吻，这种充满仪式感的肢体接触会提高两个人之间的甜蜜浓度。

3. 性的需求

食色，性也。性本身是一种十分正常的需求，很多人都希望有固定的伴侣。性生活是否和谐也影响亲密关系，它可以说是两个人感情质量的温度计。

外在的物质需求，也可以分为三类：

1. 金钱需求

对不少人而言，亲密关系的稳固很大程度建立在金钱带来的安全感之上。

经济条件普通的男性也许奋斗多年都无望在大城市购房，可是，倘若女方家境殷实并能与男方共同出资，便可以很快将买房计划提上日程。同样，原生家庭普通、自身也无很强的赚钱能力的女性，若她向往婚后过上锦衣玉食的生活，那么在交往初期，男人雄厚的经济实力会是一个很重要的加分项。

我个人认为，男人到了一定年纪，拥有一定的财富基础至关重要。我并非势利现实的人，因而年轻时一直不太在乎交往的对象是否富有。可是，倘若男人已过中年还未积蓄到可观的财富，正说明他的气魄、度量和格局都存在一定的局限性。随着年岁增长，金钱的量级变化恰好是一个人内在格局的显化。

只论个人实力的话,男人二三十岁时一穷二白确实稀松平常,可是假如他到四五十岁依然没有打下坚实的经济基础,这就表示他的性格或者为人处世方面存在一定的问题,而这些问题或多或少会被他带入亲密关系的相处模式中。

我要特别说明的是,我并非向大家灌输挑选伴侣一定要找有钱人的观念。其实,挑选伴侣最核心的是要看他的个人潜力、人品优劣、是否有赚钱的真本事、是否有容钱的度量等,这些才是最重要的。

2. 社会地位提升的需求

外在的物质需求还包括社会地位提升的需求。即使对方并不富有,只要他出身书香门第或者名门望族,享有一定的社会地位,婚姻本身就会使另一方的社会地位得到提升。

正如英国哈里王子和梅根的婚姻,让梅根从奋斗多年仍无法跻身好莱坞的十三线小明星,一跃成为当下的国际名流,引得万人瞩目。通过这次婚姻,梅根个人的社会地位显然获得了极大提升。

就普通人而言,婚姻给个人带来的社会地位和名气的变化不会与之前有天壤之别,但我们据此可以懂得很多富人的婚姻为何会一朝崩塌,因为对他们而言,婚姻牵涉财富、名气和社会地位,倘若双方打破了之前利益等价交换的天平,当弱势的一方不再能甘之如饴地付出,强势的一方不再慷慨给予,婚姻就会分崩离析。

3. 解决单身压力的需求

外在的物质需求也包括解决单身压力的需求,这种压力主要来源于两个方面,其一是来自父母和传统价值观的压力,其二是来自社交环境的压力。

当子女到了适婚年龄,很多父母便会心急如焚地催婚。而倘若身处观念相对传统的公司,如果年近四十还未结婚,相熟的同事或公司领导也会投来异样的目光,一定程度上还可能会影响个人职位的升迁。若跻身政界或演艺界,婚姻的重要性就更不用说了。

如果能在适龄阶段拥有稳固的亲密关系,就可以免于承受来自父母的催婚压力和来自周遭人群的社交压力。

以上三点就是在"身"这个层面的各种需求。当互相满足了这三点需求,双方表现出来的就是充满爱意、你侬我侬的状态。有人可能会反驳,批评我把浪漫的爱情描述得太过现实、太过"血淋淋"了。其实,当对方基于"身"的需求去选择亲密关系中的伴侣时,作为当事人的你,可能真的分不出他是真心爱你还是虚情假意,甚至对方自己也不一定界定得那么清楚。可是,人都是有感情的,在一起相处久了,都会建立起情感的联结。因此,我们不妨在心里看清楚现实,这样也能自在地享受这份关系。

"心"的需求

"心"的需求也可以分为三类。

1. 我们的心需要情感的慰藉和支持。

这是女人最为在乎的部分,在感情上被滋养、被支持的感觉最为珍贵。

2. 我们需要一个人和自己一起面对这个残酷的世界。

单身落寞时,我也会感觉身边缺少一个能和我站在同一阵线面对这个世界的伴侣,哪怕身边有关系再好的闺密、兄弟姐妹,懂我爱我的父母、儿女,心依旧会有空洞的感觉。

倘若有伴侣,不管遇到什么事情,哪怕只是琐碎到不值一提的小事,你的情绪都会有一个出口,那个人可以承接、可以倾听你的情绪,这个世界上有一个人和你站在同一阵线共同抵御风雨的感觉会给你一种情感上的慰藉,你们的生活共进退,是利益共同体,这是一种相当美好的感觉。

当然,很多亲密关系发展到后期,对方或许连你受伤这种大事都会无动于衷,这种漠然恰恰说明这段关系差不多走到了尽头。

3. 我们需要一个和自己有共同爱好的人,一起做两个人都喜欢做的事情,让我们在心理层面获得满足。

也许有人很享受一个人看电影的感觉,可是总归有些遗憾。如果有人陪你一起,你们将其作为一种有仪式感的娱乐方式,看完后还可以一起细细回味、热烈讨论,会为你们的生命增添更多美好。

如果你们恰好拥有共同的爱好,譬如球类运动、爬山远足、游山玩水等,你们一起沉浸享受,无疑会拥有非常美好的体验,也可以满足情感上的需求。

"灵"的需求

"灵"的需求即心灵的共鸣和相互理解，灵魂伴侣最为可遇不可求。

我经常劝告女性朋友，尤其是有一定社会阅历的女性，如果想找伴侣，一定要把"身""心""灵"三个方面的需求分散到不同人或物之上。比如，收养能时刻陪伴在侧的宠物狗，它可以给予你最热烈的和充满爱意的抚摸触碰；广泛结交有社会资源的朋友，可以助你提升社会地位；寻找拥有共同兴趣爱好的朋友，如爬山的山友、开车自驾的车友等，可以让你在心灵层面获得满足。

若你只想找一个人，承接和满足你所有的需求，即把"身""心""灵"三个方面的需求全都寄托在他一人身上，妄图享受一条龙服务，不夸张地说就是"痴心妄想"。尤其是在心灵的共鸣和相互理解上，因为在心灵层面能够与你深交的人本就不多，再要求伴侣同时满足你的其他需求，就更是难上加难。有时，我自己会觉得，好的志同道合的朋友，甚至心理咨询师都是可以在心灵层面和你进行一定程度的交流、给予你理解支持的人。

和伴侣在一起时，能和对方达成片刻的或特定时刻的心灵共鸣，已实属不易。在亲密关系中，真的不能太过贪心，要尽量分散自己的各种需求，切勿太过依赖伴侣一人。

2 男女对于情感需求的认知差异

自古以来,性别角色的分工十分清晰,男性要承担社会、政治和经济责任,而女性则被期望扮演好母亲和家庭生活管理者的角色。这种根深蒂固的社会价值观和文化观念的影响导致女性常把个人需求抛到一边,而优先照顾别人的需求,女性也常将自我意识和在关系中获得的认同混为一谈,即女性的自我价值观是被男性或家庭塑造的。

因此,当失去爱情时,女性会比男性更为心痛、更受打击。当亲密关系瓦解、婚姻破裂,女性失去的不仅仅是一份美好的情感,更丧失了自我价值感和自我认同感。这便是女性的弱点——把自我价值依附在男人或家庭上。

相比之下,男人则是从独立的角度看待爱情,即他们追求的是自主性及自我满足感和成就感,爱情永远只是男人生命的一部分。试问曾经风流倜傥的男性年轻时最得意的时刻,可能也会有人拣毛头小伙时期的猎艳经验出来吹嘘一番,不过大多数男性还是以年轻气盛时就大展宏图为荣,事业在男性的生命中始终占据着最高的地位。

即使是感情上从一而终的男性,倘若被问及同样的问题,他也断

然不会和你谈起他的婚姻情感史、他和老婆之间的感人故事（除非他是个戏精），而只会谈论他的职场成就、事业巅峰时刻。如果你有机会常与年长的男性沟通，你就会深刻明白，男性的自我价值感不会依附在爱情上，他们生命中的里程碑都是事业上的功勋和成就，很少来自感情。

通过比较男女在情感需求上的差异，我们可以知道：女人是从联结的角度看待爱情的，她们需要和他人建立联结，更需要和亲密的人紧密相连。也许正因为如此，在夫妻关系确立之后，即使许多女性受尽虐待，都不曾想过离开，因为在她心里，彼此已经建立联结，她的自我价值已经依附在男性和婚姻上，就不愿意分开、割裂彼此的联结。

由此来看，女性更容易受制于亲密关系，所以我建议女性朋友们在进入亲密关系之前，一定要清晰地认识到——所有的关系，不仅仅是亲密关系，能够维持的原因，都是存在利益的等价交换。

也许你会反驳我，有人就是纯粹因为喜欢而和你在一起，若如此的确很好，可是你细细揣摩就会发现，其实他的喜欢也是有条件的。我常常说，爱情就像彩虹，彩虹很美很虚幻，爱情亦如此。爱情也是身、心、灵三个方面的需求被满足后折射而成的幻化的心理感受。你自以为义无反顾地深爱这个男人，其实未尝不是被你的需求所驱使。

惭愧的是，我也是吃过亏后才懂得这个道理。曾经我在亲密关系中最大的需求，是男性对我的认可、爱慕、赞赏甚至崇拜。后来，我才恍然大悟，原来我一直试图从男性身上获得自我满足。倘若有个男人十分懂得迎合我的需求，我就会深深爱上他，并认定他就是我的灵魂伴侣。年轻时涉世未深的我，碰到渣男并且坠入陷阱中无法自拔的概率自然比较大,导致我吃过的苦头也比较多。

当弄明白了男女在情感需求上的差异后,我便立即告诫自己,务必舍弃对亲密关系的错误需求。因为我更深切地懂得了,我并不需要从男性身上获得自我满足。我也痛彻心扉地记得,为此我曾付出过巨大无比的代价。当决心舍弃这种需求,我发现周遭的男性对我产生的不可名状的吸引力瞬间锐减,讽刺的是,自此我再也没有碰到过所谓"灵魂伴侣"。

3
只有关系中双方的能量保持平衡，关系才能长久

我们不仅要理智地认清情感需求方面的男女差异，也要做好充分的心理准备，明白很多人本质上是势利、现实的，一旦你失去了某些光鲜的外在条件，或者他和你的关系失去了利益的捆绑，对方的热情就会瞬间冷却。这一点，相信大家在交友时都经历过。

说到这儿，我不禁回想起一位故友，曾经我一度认为我们俩是最好的朋友，直到有一天我对他有所求时，他居然摆出一副不情不愿的样子，那样子我至今都记忆犹新。我当时内心十分震惊，我们的友谊何以至此？平时我对他都是竭尽所能地付出，难得求助他，居然会受到如此冷眼对待。时过境迁，我渐渐释怀，他从头到尾都是极其以自我为中心和极度自私的人，他曾经对我的所谓关怀并不真诚，之前的互动也是我主动比较多。

当然，我并非诋毁他的为人，而是客观地认识到，原来他和我之间的友好互动、温暖关怀更多是建立在我自己的幻想之上的，我悔恨自己没有及早认清他是那种一旦自己的利益被触碰，你以前对他的好就会被他全盘否定的类型的人。在我错误的认知中，我们是不分彼此、可以为对方两肋插刀的至交，事后看来这纯粹是我个人的误解。

  心理学家欧文·亚隆曾经说：很多时候，友谊或婚姻之所以会破裂，是因为双方缺乏真诚的互动和真诚的关怀，其实你不是真的关心对方，你只是用得上他而已。这句话说得极好，我当初会对这位朋友尽心尽力，也正是因为我想获得他的真心关怀，对他有情感依赖。我的需求是如此强烈，以至我完全忽视了对方的品性，也忘了思考他能否和我建立对等的价值交换关系。从我的个案中也可以获知，在亲密关系中，除了关注对方的需求、怀着真诚的心与对方交往，同时也要平等地接受和付出，只有关系中双方的能量保持平衡，关系才能长久。

  那么，到底是哪些原因导致了关系中双方能量的失衡呢？网络上曾经流传一句话：找伴侣之前，你脑子进了多少水，结婚之后你就会流多少泪。对女性而言，最可怕的就是出于某些幻想而进入亲密关系。

  这里所说的幻想主要分两种，第一种是幻想亲密关系的结局都如同童话故事的结局一般，王子和公主携手幸福终老。女人也许都曾幻想自己是受尽宠爱的公主，只要找到深爱她的男人，现实中的所有问题就都可以迎刃而解。英勇的王子会为她打败恶龙，以身犯险营救她出去。然而，现实的情况可能截然相反，来拯救你的王子最终可能会变成围困你的恶龙，给你带来更深的伤害。

  第二种是幻想自己扮演着圣母的角色，觉得自己有无尽的爱要给予对方，去拯救从小没有被好好对待过的男人，无条件地包容他，而他就会在你爱的滋养下，以爱回馈你，你会由此变得快乐并获得自我价值感。

我曾经亦因爱的幻想而犯错。那时，我全身心地深爱一个男人，认定他有潜力，只要有我无条件的爱和支持，他一定可以拥有自己想要的幸福生活。后来我被现实狠狠打脸，才惊觉自己的想法太过天真。

爱情犹如绚烂的彩虹，变幻不定，也许你爱上的只是你想象中的一个人，而并非真正的他。如果你遇到的恰好还是有精湛演技并懂得迎合你的需求的男人，你就更容易被蒙蔽双眼，陷入爱情的幻想之中。

我曾经谈过一个略懂"读心术"的男朋友，他深谙我的喜好，会在我面前竭尽全力展现出我幻想中的伴侣模样，令我完全无法自拔。过了很久，我才渐渐冷静，他只是戴上了人格假面，幻化成了我心目中的白马王子，实际上他自身缺点太多，我完全没有办法接受。

也许，他有 30% 的特质是当时的我非常欣赏的，因此当我们在一起时，他尽可能地展现出那些我所喜欢的特质，久而久之，他内心也备受煎熬，因为他在扮演另外一个人，而不是做真正的自己，我们之间的关系肯定难以为继。

在情感上，我已历经风风雨雨，如今我尽可能结合自己的切身经历将我的深刻体会和你分享，就是期望大家能引以为戒，少一些对爱情不切实际的幻想，切勿再期待完美的恋人降临，如果你执迷不悟，你爱上的终究只会是自己幻想中的人，最后注定要受尽爱情的伤。又如果，你幻想自己可以舍身拯救落魄的英雄，让他重整旗鼓、再现光芒，并在这种幻想的驱使下满怀期待地想要去改造对方，结果也会让你铩羽而归。

4

亲密关系中的等价交换为何也会失衡？

所有的关系都存在利益的等价交换，爱情也不例外。作为女性，在这场等价交换中，会出现哪些容易失衡的情况呢？首先，女人容易把情感需求投射到对方身上，这并无不妥，可是过多的情感需求会导致以下三个问题：

1. 需求过度，导致关系中出现退行现象

退行，是心理学家弗洛伊德提出的一种现象，是指成年人的行为模式以及情感需求，在关系中倒退成了孩童的状态。

进入亲密关系之后，由于完全没有对对方设防，汹涌的爱意很容易让对方承接不住。儿时没有被满足的各种需求，也会突然间全部冒出头来，比如，性格上极尽任性、不讲理、霸道，至于饮食、购物包括与对方相处时更是为所欲为，显得幼稚又霸道，会令对方直接抓狂。

如果一个成年人在外工作社交时成熟稳重，但身处亲密关系之中时，又会回到孩童的状态，做出一些不恰当的行为，这就是心理学中退行的状态。

恋爱中的人，最常随口说出"宝贝、亲爱的"这样的童言童语，这正是因为热恋中的人已退化到了孩童的状态。不过亲昵的情感需求，他们只会投射到亲密的伴侣身上，给亲密伴侣造成莫大的压力，而不会波及旁人。

2. 我们自己可能也鄙视自己的退化性需求，因此不会明确地表达出来

比如，你的生日或你们的周年纪念日，你理所当然地认为对方应该主动记住，而无须你刻意提醒，否则任何重要的日子都会失去它本应有的意义。你也期望对方总能猜透你的心意、满足你的需求，如若不能就会大发雷霆。这种极高的期待和不愿表明的需求，会给亲密关系的双方造成很多不必要的负担和冲突。

3. 女性会把自己的情绪需求未被满足的痛苦，全部归咎于对方

尤其是退行的情绪需求，如果对方不能满足，女性就会认为，生命中的不快乐都是由对方造成的，对方需要时刻为她的快乐和幸福买单，这也是小孩子的习性，其本质就是没有学会为自己负责。我在前文提到的女性的情感依赖问题，也可以归因于此。

在亲密关系里，对方一开始可能会给予我们很多爱与包容，但这会让有些人因爱而有恃无恐，越发骄纵和任性，甚至提出不合情理的要求，如果自己觉得不快乐，就会把不快乐都归咎于对方。

以上提到的三种问题我期望大家能够对号入座，检视自己在亲密关系里是否出现了这样的问题。如果有，请及时制止自己，这些情况

都有可能演变成亲密关系里的毒瘤。我们一定要及时觉察，让双方在情感方面的需求都获得相应的等价交换或者达成一定的平衡。不要因为自己是关系中的既得利益者，就忽视这个问题。

很多时候，我们在关系里面的付出和给予，都会被我们标榜成爱，或者当别人如此对待我们，他们也将之称为爱，这原本并无对错之分。只是我们务必要清楚以"爱"之名付出和给予的本质究竟是什么。很多时候，别人对我们的好，甚至我们对别人的好，其实都已经被明码标价。

若你对一个人付出了真心，并且越爱他、付出得越多，他就越自卑，这是因为他无法在亲密关系中找到与自己处于平等状态的人。他要么居高临下，要么屈居于你，可是他骨子里的大男子主义又不容他屈居于你，因此你对他越好，就越显得你能力超群，他的无能为力就更加显露无遗。

那么，你对他的这种"好"，是出于爱吗？我觉得，这可能是爱的外在的表现，表现为：你看我有多爱你，你还不好好来爱我。这种付出的背后是带着钩子的，即想要获得相应的回报。当然，也不能因此全盘抹杀你对他的付出和爱，因为你本身是一个很有爱的人，爱会满溢出来，你会很乐意为周边的人做很多事情。

然而，当过度付出，且超过一定的界限后，问题就会显现，因为带有"钩子"的付出本质上是你想将自己的付出作为交换获得相应的满足，毕竟正常的付出无须你做出个人牺牲。

一言以蔽之，所有的关系，都是基于利益的等价交换。可能又有人会反驳，有些人的行为并不符合这个等价交换的心法。譬如之前轰动一时的二十多岁的女孩，她交往没多久的男朋友因车祸变成了植物人，她不离不弃地照顾和陪伴他数年。听闻故事的人都会被她对男朋友的爱所感动。可是，从心理学的角度来分析这种不合常理的、义无反顾的付出时，会发现女孩受到了内在驱动力的影响。也许她惧怕被外界指责她抛弃男友，也许她内心真的难以割舍，因此表面上是出于爱情而无怨无悔地付出，实则是受内在驱动力的影响至深，使她违背了人类的自私特性，做出了极大的个人牺牲。

当我们在看待爱情的眼光里加入理性这个元素，就可以摆脱恋爱脑的束缚，用更加清晰的眼光看待亲密关系，看清关系中双方的真实需求，用真诚的心来对待彼此，美好关系就会在不远处等着你。

第十六章

心法二 "臣服于命运"，认清 "伴侣" 的真相

活出你想要的　亲密关系

所谓命运，就是一个人的人生剧本。每个人性格各异，对于发生在自己生命中的事件的看待方式和反应模式都有所不同，因而造就了我们不同的人生。

经营亲密关系的第二个心法：每个人的亲密关系和他自己的人生剧本（也就是婚姻和命运）是紧密相连的。

每个人出生时，就是带着自己独特的DNA来到这个世界上的，环境和成长过程中的种种经历又会对我们的性格产生影响，而我们看待事件的方式和反应的模式，又会造就我们不同的命运。很多时候，我们在生命中的某个时刻，会遇到什么样的亲密关系，取决于我们的人生剧本，它有一条清晰的故事线，同时它也是我们必修的人生功课，不容我们逃课。

1

为何我们总是要受亲密关系的苦？

不管是人生剧本还是人生功课，目的都是让我们修行学习、体验人生。如果你时常感觉人生过得很不开心，在地球这个巨大的游乐场玩得并不畅快，就需要回观下自己受苦的原因是什么，我们为此要做的功课又是什么，因为每个人都有自己的人生功课必修学分。

倘若你总带着受害者心态，因为缺乏安全感而任性抓取，那么你的亲密关系也会受到牵连。很多琐碎的小事就会像开关一样，随时启动你"不安全感"的运作模式，或者开启你的受害者程序，导致你在关系中承受无尽的矛盾和痛苦。那么，如何才能破茧自救呢？那就是修好亲密关系这门功课，并借此改变自己的个性，进而重塑自己的人生。至于改变效果，则取决于我们在性格模式中拥有多少学习摸索的能力。

我至今两次结束婚姻，我也有了自己不适合结婚的觉悟，并决定此生不再踏入婚姻。可是，我依然可以继续修炼我的亲密关系，倘若有机会遇到合适的男性，也会尝试踏入关系，然后将对方当成一面镜子，不断地来照看我自己的内在。在磨合期间，我也会试探到底如何才能与对方相处得融洽愉快。

亲密关系最能激起我们潜意识里面最深的那些伤痛。当我们因为亲密关系屡屡受伤，就说明我们到了要修习这门功课的时候，而我正是通过修习，来改变我天生亲密关系就不佳的"命格"。回顾我的前半生，我最大的改变、成长和领悟，都是在亲密关系之中磨炼而来的。因此，有时我甚至不敢想象，如果我的亲密关系一帆风顺，我现在会成为什么样的人。

每个人来到这个世界都有各自不同的故事线，大家的人生经历也不尽相同，如果我们历经折磨、苦难，频频在亲密关系中受挫，或者不断自我牺牲却无法获得同等回应时，还能够谦卑地把外界的因素归因于自己的人生剧本和命运，那么我们就会对那个人少一些怨怼和憎恨，不会把自己不快乐的原因完全归咎于他人，而你也可以借此学习如何去掌控自己的快乐。

倘若你在亲密关系里和伴侣相处得并不愉快，可是你愿意臣服、愿意放下，就不会对他有过于强烈的怨气和恨意，哪怕你们的伴侣关系注定要走向破裂，但双方终究不至于成为仇人般的存在。就像我和我的两任前夫，尤其是共同育有小孩的前夫，至今仍保持着不错的关系。我每每打电话过去，他都会很开心地接通，彼此问候再进入正题，从不会对我有任何仇视的态度。虽然当初是我主动弃他而去，也难免对他造成了伤害，然而时隔多年后再见，他对我丝毫没有怨恨之意。我分析其中最重要的原因是，无论我曾做过什么，他都懂得我一如既往地真实，从未对他有任何欺瞒。

时至今日，即使我的亲密关系注定不好，让我无法拥有婚姻或者一段比较长久的亲密关系，但我还是尽量把每一段关系处理妥当，不留怨念，互不亏欠。

如何解开命运中亲密关系注定不好的诅咒？

亲密关系这条路我已走过一遭，亲身体验过后，我也想把自己最真实的体会分享给大家：**当你相信并臣服于人生剧本，并且学会自我负责，把向外抓取变成向内探求时，你的亲密关系自然就会变得顺畅，你的人生也会更加轻松自在。**当然，我终极学到的最佳功课就是不再仰仗、依赖男人带给我快乐，我要为自己当下的快乐负全部责任。

我仍记得刚和前夫（小孩的爸爸）离婚时，我对他怀有诸多不满和怨恨，并且会把这些情绪通过语言去和别人表达。后来我发现，虽然我的确对他心存不满，并且因此毅然决然地离婚，可我之所以不停抱怨他，竟然是因为自己心怀愧疚。我认为离婚这件事情给我带来了巨大的羞愧感和歉疚感，而且错都在我，所以我必须要一直数落对方的不好，来证明我选择离婚是明智的。我迫切地想向自己证明：我没有犯错，不是我不好，是他有问题。当然，我听闻前夫也和别人抱怨过我的缺点，以此来说明我们婚姻破裂的真正原因。因此，我们是有极大可能成为分手之后，一直耿耿于怀、痛恨对方、埋怨对方的离婚怨偶的。

然而，当我意识到自己的行为模式后，我决定收回自己的不满和怨恨，我不需要用这种方式来证明自己是对的。而我最好的赎罪方式，就是把我自己的生活过好、把我的家人照顾好、和前夫以及前公婆维持好关系，创造一个令大家都感觉愉悦的相处模式。

平心而论，我的命运似乎很好，但换个角度看也许又很糟糕。若说我是一个事业心极强、喜欢追逐名利的人，那么我的命运自然相当好，因为我的事业一直顺风顺水。可是回观我的前半生，我最重视的是情感的联结，无论是和我的家人、朋友、工作伙伴还是伴侣，情感的融合、相处的和谐，对我而言都至关重要。亲密关系也曾是我生命中的重中之重。

当我在亲密关系中遭受挫折和痛苦时，我所深爱的父母、家人、孩子，与我有深厚友谊的闺密、事业伙伴，我为之不懈努力的事业、我热衷的兴趣爱好以及我所取得的内在成长领域的成就，似乎都变得毫无用处和意义了。最终，我还是主动舍弃一定要和一个男人有情感联结的需求，在我回归己身、和自己的心待在一起、和大自然建立联结，并且获得归属感之后，我才解开了命运中亲密关系注定不好的诅咒。于我而言，放下和臣服，就是最好的解决方法。

当然，有时我的心里还是会有<u>一丝丝</u>遗憾，某些片刻也会想念和一个人完全联结的那种感觉。然而，这也是拥有"亲密关系不好"的命运的人此生的功课，我们必须完全接受。然后，对的人可能会在不经意间出现，而那时的你定然可以优雅地、轻松地进入一段关系中，不再纠结、不再牵缠，只需尽情享受关系中美好的部分。

活出 你想要的 亲密关系

3
如何才能真正接纳自己
"命中注定亲密关系不好"这件事呢？

🌸 你先要知道个人成长的意义

我们这一生会有什么样的经历和遭遇，与我们的个人成长、自我观察、分析反省有很大的关系。在亲密关系中，我们常常要回观自己是否存在不良的行为模式，我们的头脑中是否存在根深蒂固的负面观念，我们对待特定的事情又是否存在固定的反应模式。我们要检视自己的行为模式、思想观念和反应模式，是来服务我们的，还是来制造困难的。通过个人成长，我们可以修正自己的命运轨迹，将命运的走势掌握在自己手中。

🌸 你要找出自己该修习的功课

每个人的人生功课通常都会在他的性格中体现，比如亲密关系不佳的女性,要么太过强势,喜欢控制对方;要么过度依赖,任何事情都仰仗对方相助,把自己的喜怒哀乐都交给对方,还要求对方亦如此;要么对亲密关系不在意、不上心,比如,婚后一直忙于照顾小孩、料理家务、追求事业,疏于和你的男人建立友谊和亲情,彼此没有建立起稳固的情感联结;要么没有女人的风情和生活情趣,使得亲密关系无法顺遂;要么婚前全然没有擦亮眼睛,所托非人……其实,这些都是我们自己可以掌控的因素。

以上,就是你在亲密关系里要学习和应对的功课。把它们都学会了,在哪里失败,就从哪里爬起来,这是我身体力行的亲密关系哲学。

要学会接受和放下

在某个阶段,你必然有一段单身的时光,令你学会和自己独处。高质量的独处是非常滋养人的,也可以让你获得很多智慧,人生中很多不同的乐趣和方面都能因此被你看见。因此,可以接受和自己高质量独处的人是难得的。

当我们知道自己的命运之后,要去看到自己需要学习的功课,同时能够臣服、接纳、放下那些自己原本执着的各种想象和欲望。

我从小就盼望"愿得一心人,白头不相离"的结局,这是我一生的追求,可是我的命运齿轮发生了偏移,起初我并不清楚自己的人生剧本走向,也不愿意接受我已脱离既定轨道的现实,所以因此受了很多苦、吃了很多亏。

知道自己大致的人生剧本之后，试着做一名好演员

或许，我们的人生剧本是无法更改的，但是假如作为一名演员，如何演出是你可以自己决定的。比如，你的剧本给你设定了一个极度悲伤的情境，可是你知道自己是演员，不用受到剧本的束缚，你不必流露出无限的悲伤和无尽的绝望，你完全可以磨炼自己的演技，改变自己演戏的方式来顺应这个剧本，即改变自己回应人、事、物的方式，如此一来，你就能活出自己人生剧本当中的最佳版本。

我们常说，有些人拿到一手好牌，却被自己打烂了，而有些人拿了一手烂牌却打得非常漂亮，这就是因为演戏的方式不同，产生的结果也不同。一个人想要磨炼出绝妙的演技，自我成长和修行是至关重要的，当我们累积了足够的内在力量，对自己和这个世界有了更多的了解，我们就能游刃有余地决定自己的人生剧本要怎么演。

第十七章

心法三 "以退为进"，你永远不可能改变一个人

活出你想要的　亲密关系

在亲密关系里，我们常常抱有一种不切实际的期望——因为爱我，对方会甘愿为我做出改变。

现实是，这种情况发生的概率微乎其微，因为一个人只有在符合他当下的自身利益的情况下，才会心甘情愿做出改变。

经营亲密关系的第三个心法：谁痛苦，谁改变。

那么，什么情况才会关乎他的自身利益呢？他真心待你，你亦投桃报李，倘若小有摩擦，他愿意退让和改变，只是他会因时而异罢了。假如不论他如何回应你的掏心掏肺的付出，你都一如既往为之，权衡之下，他就会判定毫无改变的必要。即便如此，你依然无怨无悔付出，作为既得利益者，他定然无动于衷，因为"改变"与否都不再牵涉他的自身利益。

1

一个人想要获得个人成长，或想要维护自己的切身利益时，他或许才会愿意改变

我的儿子就是很好的案例。虽然他年纪已过二十，但在我眼里还是可爱的小孩。最近，他忽然找我倾诉："妈妈，我想要找一位心理咨询师。"当我问他想找什么类型的心理咨询师以及咨询的目的时，他坦言："我发现自己似乎不太能共情别人的痛苦，也不太能觉察到别人的需求。"

当时我就在心里偷笑，因为我深知他自小就存在这样的问题，他有轻微的阿斯伯格综合征，因而难以觉察别人的需求和暗示，必须明确告知他你的需求，他才能心领神会。

听到儿子突然提出这样的疑问，我内心十分为他欣喜。他和亲人朋友都相处融洽，女朋友也很爱他，当他自发地产生改变的动力时，便说明他自我改变的时机到了，这是因为所有改变的前提，是这个人有内驱动力，即有意愿主动改变自我。

亲密关系的第三个心法，其核心是：你永远不可能改变一个人，

亦无法迫使一个人依照你想要的方式做出改变。你唯一能做的是创造恰当的情境或环境，让他主动做出改变。人好比被各种程序操控而自动运转的机器，程序设置要如何运行，人就会乖乖照做。你可以做的是，想方设法开启他的优良模式，让他得以良性运转。譬如，适当地示弱、真心地赞美和欣赏他、真诚地反馈自我感受，甚至任性地发发小脾气（这些都因人、因时、因情境而定），通常都能触动他，让他从不良运转模式切换到良好的运转模式。

亲密关系中双方互动的能量场是封闭且固定的，如果你们的能量纠缠在一起，你做出改变时，他也会随你改变。其实，因为量子纠缠的原因，一方做出改变了，另一方也不得不为之。请注意，我这里指的是能量上的改变。倘若只是行为上的改变，背后还带着"我都身体力行了，你竟然还不改变"的心理动力的话，对方也一定心知肚明，自然不会轻易上钩。

2

只要你首先做出改变，对方不可能无动于衷

近来，有位朋友在我家小住了几日，和我坦诚地聊起她老公当年外遇的问题。其实，在她老公有实质性的外遇之前，她已经如救火队员般多次扑灭她老公外遇的小火苗了，可是年岁渐长，小三对象仍层出不穷，她也厌了、倦了。

于是，我先询问她目前的婚姻状况如何。我问她："总体而言，你老公现在还是顾家、爱孩子的好男人吗？"她说："当然还是，他孝顺父母也疼爱孩子，对我也和以往一样不错，毕竟我们也曾疯狂地相爱过。"

我再问她："那么，你和他的父母现在相处得如何？"她回答："我们的关系一直非常融洽，他父母也很尊重我，虽然有时不免袒护儿子、帮儿子说话。"

我笑了笑，意味深长地对她说："其实，你手上已经有了三个'人质'了，公公、婆婆和你的孩子。不仅如此，你还在帮忙管理家族产业，这些都是你无法被替代的优势，你老公断然没有胆量跳出婚姻这座围城。眼下，你已迈入不惑之年，你老公的年纪也跟你差不多。关

于他爱拈花惹草的毛病，你可以先试着放手，不予理会，更无须费尽心机去抓他现行，也不必大费周章地挽留他的心。安顿好自己的心，先把自己的生活过好，修心、瑜伽、冥想、阅读、提升自我、追求事业、照料孩子、善待公婆，只专注于自己的生活就好。"

　　分别之后，她决心改变，不再过问老公的行踪，在亲密关系的互动能量场中，也不再是单纯索取的那方，结果奇迹竟然就此发生。出乎她的意料，她老公完全大变样，以前每次觉察到老公的需求，她就无条件地配合和满足他，可换回的却是老公的爱搭不理。当她主动疏远他、专注于自己的领域时，两个人的能量磁场彻底发生翻转，如今她老公会主动配合她、关心她的需求。

　　在亲密关系里，双方的能量场是互相影响、此消彼长的。这大概就是所谓"量子纠缠"。只要你首先做出改变，对方不可能无动于衷。

3 有时需要用比较决绝的方式，才能让对方反省和改变

再来分享一个真实的案例。我和我的闺密，已是相识二十余年的好友，我一直掏心掏肺地对她好，可谓不计回报，但她始终是以自我为中心的人，不仅个性自私，对金钱非常吝啬，心眼气度还小。她的这些缺点，别人难以觉察，只有在她单独面对我或者她老公时才显露无遗。而她呈现给别人的形象，始终是个性天真善良、可爱又温柔的。

然而，正因为我对她太好，她就理所当然地把早前在原生家庭中未被满足的需求都寄托在我身上，好像我对她的所有付出都理所应当，不应该求任何回报。因而，多年以来，我们的相处模式都是我在包容她，而她一直在向我索取。

这样不对等的关系愈演愈烈，以至她最终做出一些突破我底线的事情。之后，我就开始避让退缩，不再将她当成我最亲密的闺密，而是将她降格为普通的朋友，谨守一定的边界。每当她联络我，虽然我仍会给予回应，打电话给我时，我也会和她聊天攀谈，但我们再不似从前那般亲密。虽然她早已察觉我对她的态度发生了巨大转变，但直

至近两三个月,她才真正地开始自我反省、忏悔,最终真诚地向我道歉,检讨自己在关系里的诸多不足,她也终于明白自己曾多么自私自利、多么不知感恩、多么任性盲目,后悔自己未好好珍惜我对她的好。

聊到最后,我们双方都在自我检讨,她发誓自己一定会改过自新,可是我已经释然了,因为我们之间的问题在于我没有看清她的为人,对她心存幻想,认清她的本质后,我们依然还能是好朋友,只是我对她不会再有误解,亦不会再对她抱有期待,而没有期待就不会再受伤和失望了。

不过,我也得以了解她的自我反思是极为深入的,她内在的很多问题都因此浮现。经过此次交心的谈话后,她对我的态度确实发生了巨大改变,对我尽心尽力,时不时问候我、关心我的近况,这说明她真的有能力获得自我成长和改变。

因此,我们务必以比较决绝的方式,让对方反省他曾经的所作所为是多么自私、多么伤害彼此的情谊。否则,对方总是把你的好视为理所当然,甚至还对你心存怨气,不知感激。

4

必要时采取战略性撤退的策略，以退为进，慢慢筹谋

当你无条件对一个人好时，也会把自己的期许、希望和依赖都投射到他身上。你不断地付出，渴望以此换来一段亲密无间的关系，然而结果往往事与愿违。

历经亲密关系的大风大浪之后，我才真正具备高质量独处的能力；当情感独立后，我的内心世界亦变得丰富多彩。我不再惧怕失去任何亲密的人，包括爱人、闺密、挚友。也正因为这份"不惧"，我的个人气场也随之发生改变，周遭与我关系亲密的人都能明显觉察到。于我而言，人与人之间的情谊是相互的，倘若对方不再真心待我，我自可以随时抽身离去。

如果你也能让对方有这样的觉悟，你们之间的关系一定会有实质性的改变。尤其是在恋爱初期，双方的关系尚未稳定时，切记要把两个人相处的姿态和基调定好，否则，当进入关系稳定期，人会更难改变。

即使亲密关系发展到我们必须采取战略性撤退的策略，必须刻意保持距离的地步，我们也不能将带着目的的"钩子"藏在身后要挟对

方,否则就是以冷暴力为手段,强制对方臣服于你。我们采取战略性撤退策略的目标,应当是看清真相之后回归中正,而不要抱持过度的期盼和幻想偏离目标。

假如战略性撤退的策略有效,他想和你重归于好时,你要判断自己是否仍喜欢他,并根据当下的感觉来决定是否重新接受他。即使已迈入婚姻也可以采取这种策略,离婚并非唯一的解决办法。为了孩子、为了家庭,先别决绝地离婚,而是舍弃所有不切实际的期望,以退为进,慢慢筹谋。

5
最重要的是让他自我感觉良好

每个人的个性、习惯、想法都是根深蒂固的，除非他自己愿意被改变，否则没有人能改变另外一个人。然而，在亲密关系中，男人往往想寻找能充当完美母亲的女性，女人则想寻找能充当完美父亲的男性，倘若能找到和自己的父母相像的伴侣，可能就会不由自主地想去改造对方，因为对方绝无可能百分之百贴合你的想象。在你试图改造对方，让对方给予你从小到大一直想要却从未得到的来自女性的关怀或是来自男性的坚实守护时，你就掉入了亲密关系的陷阱，最终一败涂地的概率相当大。

在一份亲密关系里，你的好，以及你对他的好，对他而言都不是最重要的，最重要的是你要让他自我感觉良好，让他觉得他的为人处世方式对自己有利、有用。你对他再好、他再爱你，都不一定会让他改变，每个人的内在都有一个自动化的运作模式和计算机制，他如何计算衡量你们之间的利益关系，连他自己也无法控制。

根据我的观察，大多数人都不是按照对自己最有利的方式为人处世的。就像我的前任、闺密以及之前提及的同事和助理，我对他们都

非常好，他们也获益颇多。我一直都不是非常难相处的人，然而他们对待我的态度以及和我相处的方式，对我们之间的关系都是非常不利的，最后我忍痛离开，他们才终于意识到事情的严重性，以及自己的损失之大。也正因为我对他们太好，他们完全没有意识到自己做得多么过分，也从不珍惜我们之间的缘分。

因此，通常人们不是按照对自己最有利的方式做人做事，而是按照自己人生的剧本，也就是内在的程序和机制在做人做事，就如同机器人一样。当你对他很好的时候，他并不会觉得他此刻对你的态度，或是他的反应模式会损害他自己的利益，他全然看不见这些。

切记，切勿试图用对一个人好来改变一个人，也不要妄图用这种方式来让他给你提供你想要的东西，这绝对是徒劳无功的。

第十八章

心法四 "交给时间"，关系里的棘手问题交给时间来解决

活出你想要的　　亲密关系

当你在关系里遇到很棘手的问题，且看似没有解决方案时，切勿当下就做了断或者自断后路不给自己留任何余地，可以把它们交给时间去解决。同时，在心态上一定要保持单身、独立，让自己处于享受孤独且情感能够自洽的状态，这是让你能够收获一份好的亲密关系的最佳良方。

亲密关系的第四个心法：随着年龄渐长，两个人之间的消长互动会有变化，而非永恒不变。

年轻气盛时，尤其是在生育孩子后，夫妻之间难免矛盾重重，有的甚至动不动就提离婚，所以会不愿再考虑生育孩子的问题。但人的心态到了一定的年龄阶段会有所改变。因而，在生育孩子的问题上，我都劝身边的女性朋友提前去做冻卵，为什么呢？就算她近期不打算也没有意愿生，但是接近不惑之年可能会改变主意。

正如我自己，生育了一儿一女后，我其实想过再生一个孩子，无奈当时的先生并不愿意，只能作罢。我自己也考虑过现实的因素，将孩子哺育成人确实费心费力，恐怕要折腾到筋疲力尽。直到我的两个孩子都远赴美国读书，我才心有悔恨。倘若我膝下还有小孩相伴，不会令我突然间有种"空巢老人"的落寞和寂寥之感。试想一下，倘若你始终没有将生孩子纳入考量范围，待步入花甲之年时，你的内心会不会生出些许遗憾和悔恨呢？

当婚姻中发生冲突、出现棘手的问题时，其实你完全可以交给时间来解决。在我结束漫长的婚姻后至今，偶尔我也会心生感慨，似乎有个男人相伴终归胜过孤身一人，虽然他们有缺点，但毋庸置疑也有优点，为什么当时的我完全无视而宁可回归单身呢？

在婚姻或者亲密关系里，如果因为太过亲密对对方过度期待，会引发诸多问题。即使婚姻走到当时看来已无法挽回的地步，我们仍可以尝试从心态上离婚、心态上独身的方法，和对方维持不过分亲密的适度的关系。因为等到人生的某个时刻，双方可能都会由于年岁增长而有所改变。大多数事情并不需要斩断所有后路才有出路，倘若对方真的触及了你的底线，那就不要奢望奇迹发生，而是应该当机立断，没有任何拖延地抽身离去。也许到了某个年纪、某个时间节点，你的人生会有豁然开朗的感觉，你可能会为年轻时冲动做出的决定后悔不已。因此，我建议大家，在婚姻或亲密关系中千万不要太过冲动。

当婚姻中发生冲突、出现棘手的问题时，其实你完全可以交给时间来解决。尤其对女性而言，随着我们的内在获得成长或年纪渐长，可能在肉体和情感上都越来越不需要依赖男人了。有时你越不在乎，亲密关系反而会越好。如果你们已有共同的孩子，尽量先熬过年轻时最煎熬的时光，待到年老时，你会发现有没有男人相伴，你都可以过得更好。然而若能维持完整的家庭，当然更好。

当你在关系里遇到很棘手的问题，且看似没有解决方案时，切勿当下就做了断或者自断后路不给自己留任何余地，可以把它们交给时间去解决。同时，在心态上一定要保持单身、独立，让自己处于享受孤独且情感能够自洽的状态，这是让你能够收获一份好的亲密关系的最佳良方。

如果我们真正领悟亲密关系中的四个心法，并能够在实际生活中自如运用和实践，那么你一定可以找到属于自己的幸福，也会拥有一个好的心态来面对人生，在爱情和婚姻里如鱼得水、游刃有余。

每个人都要有离开任何人，还是可以过得好的能力。

活出你想要的　　亲密关系